El rostro de la sombra

Alfredo Gómez Cerdá

El rostro de la sombra

Notas y prólogo de
Ignacio Álvarez Montoya

Ernst Klett Sprachen
Stuttgart

1. Auflage 8 | 2025

www.klett-sprachen.de

Herausgeberin der Reihe Literatura Juvenil:
Prof. Dr. Andrea Rössler

Redaktion: Marcelo Rodríguez
Layoutkonzeption: Elmar Feuerbach
Gestaltung und Satz: Satzkasten, Stuttgart
Umschlaggestaltung: Andreas Drabarek
Titelbild: Grupo SM, Boadilla del Monte (Madrid)
Foto S. 152: Picture-Alliance (EFE), Frankfurt
Druck und Bindung: Digitaldruck Tebben GmbH, 87640 Biessenhofen

Printed in Germany
ISBN 978-3-12-535776-1

Índice

Prólogo

En esta novela se nos presenta un crimen que, para sus propios autores, se convierte en un misterio y una tragedia. Al principio no lo saben, pero poco a poco descubren y aceptan que son culpables. No pueden evitar, sin embargo, ver el resultado de sus actos como un producto de la mala suerte, de la fatalidad. Hay demasiados parámetros que escapan a su control.

El rostro de la sombra describe unos días en la vida de unos jóvenes que viven en Madrid. Adrián, Borja y Claudio son amigos del barrio que se conocen de toda la vida y van al mismo instituto. Les gusta pasar el tiempo juntos y hacer cosas parecidas a las que hacen otros chicos de su edad. Desde luego, pasan horas delante del ordenador y hacen uso de las nuevas tecnologías, pero lo hacen con naturalidad, no se puede decir que estén obsesionados con el tema, que se encierren en su mundo virtual o que sean raros. Son estudiantes bastante buenos y sociables que no llaman la atención por nada en especial.

No obstante, como muchos otros, utilizan plataformas de la red informática como *youtube* o ciertos blogs para ver y comentar vídeos extraños, chocantes o sorprendentes que la gente graba y comparte con los demás protegida por el anonimato. En ocasiones aparecen imágenes de mal gusto, peligrosas o incluso desagradables para algunos de los que participan en ellas, pero es difícil resistirse a su atractivo desde la seguridad del otro lado de la pantalla. Saben que el mundo real y el virtual están relacionados pero el segundo tiene una conexión más directa con la fantasía y la imaginación de las películas, las novelas o los videojuegos. Parece bastante sencillo separar la vida ordenada de todos los días con sus clases, exámenes, familias... de los acontecimientos extraordinarios y prohibidos que se ofrecen en esos lugares de fácil acceso.

Por otro lado, sienten la tentación de realizar ellos mismos un vídeo impresionante que cause impacto a otros espectadores. Saben que es un riesgo, pues puede tener consecuencias para ellos y otras personas, pero eso lo hace aún más emocionante y nada tiene porqué salir mal si lo hacen con cuidado.

Alfredo Gómez Cerdá es un escritor madrileño con una larga trayectoria, especialmente reconocido por sus obras dirigidas al público infantil y juvenil, por las que ha obtenido numerosos premios, entre los que se encuentra el "Cervantes Chico" en 2009 por el conjunto de su obra. Siempre ha estado, por tanto, atento al mundo de los jóvenes y sus intereses. Esto se ha visto reflejado en reuniones con estudiantes y lectores, en participaciones en mesas redondas, conferencias y también en proyectos educativos y de lectura. Es natural, entonces, que se preocupe por fenómenos de actualidad difíciles de entender como los de los vídeos que hemos mencionado y la atracción que despiertan. A veces sus protagonistas anónimos han saltado a los titulares de periódicos y telediarios por los accidentes que han provocado y la sociedad ha reaccionado escandalizada ante esos actos y la falta de sensibilidad y empatía que parecen demostrar. En *El rostro de la sombra* vemos reflejada esa problemática en un episodio que tiene fatales consecuencias.

El autor nos permite asistir al proceso que lleva a unos jóvenes a "escenificar" un vídeo impactante a través de los ojos de Adrián, uno de los chicos. Las acciones y los pensamientos se suceden con naturalidad y los protagonistas no representan una caricatura de lo que se supone que es la juventud actual ni se ofrece una moraleja que solucione el problema. No trata de juzgar lo que hacen, sino que expone el dilema ético que suponen sus acciones para que sea el lector el que tenga que enfrentarse a ese problema. Hemos mencionado la paradoja de que los responsables de esos fragmentos de realidad que son los vídeos sean protagonistas anónimos y esto ofrece también una interesante perspectiva respecto a si ellos son también los verdaderos autores de esa especie de *performances* o acciones que afectan e influyen sobre lo que ocurre.

En el caso de Adrián y sus compañeros iremos viendo cómo efectivamente asumen ser responsables de una muerte que no esperaban y mucho menos deseaban. Para Adrián es aún más grave, pues el accidente afecta al entorno de su novia y ve cómo se desequilibra la estabilidad de su mundo personal. Parece un héroe trágico que, como Edipo, es llevado al desastre por acciones de las que no conoce del todo su trascendencia. Adrián es consciente de quién es y de lo que ha hecho, pero también sabe que junto a su hermana, sus profesores, sus padres, su novia o sus amigos representa diferentes roles y que no es siempre fácil conciliar y lograr una armonía entre las diferentes esferas. Frente a la sociedad y la justicia sabe lo que significa haber realizado esa acción y tiene miedo de que se descubra su participación.

El temor a las consecuencias criminales y la preocupación por su futuro hace que entren en conflicto algunos de sus valores e ideas. Es una situación crítica en la que es difícil mantener la coherencia y pensar con serenidad. En este sentido es importante la visión del asunto por parte de su hermana pequeña, que sospecha de él y para quien las reglas son muy claras y no toleran esas zonas grises que parecen más habituales en las personas más mayores. El padre de Adrián, abogado, tiene otras prioridades y no le resulta tan complicado traicionar sus ideas de justicia cuando lo que está en juego es el futuro de su hijo y su familia. ¿Qué haríamos nosotros en esas circunstancias? Muchas veces pensamos o creemos lo que necesitamos pensar...

El rostro de la sombra ofrece una oportunidad al lector de español como lengua extranjera para introducirse en la vida cotidiana de unos jóvenes en el Madrid de hoy y aprender el uso coloquial y espontáneo que hacen de la lengua. Refleja aspectos de la actualidad con los que el lector se puede indentificar y que resultan problemáticos. Algunas de las palabras o expresiones que podrían dificultar la comprensión o hacer incómoda la lectura se entienden a través de una consulta rápida de las notas, que ayudarán a enriquecer el vocabulario y a adquirir conocimientos de particularidades culturales igualmente importantes para el dominio de la lengua.

Unas palabras más respecto al título de la obra que, al igual que en las notas -donde se aclara su significado- no quieren ser una interpretación, sino una ayuda y un apoyo. El rostro es la cara de las personas, aquello que, normalmente, se considera el reflejo del alma, de lo espiritual. La sombra es, en primer lugar, la parte que no está expuesta a luz, que queda a oscuras; pero también puede ser el desconocimiento o la apariencia, la vaguedad. Vivimos en un mundo global que nos proporciona una enorme cantidad de imágenes e informaciones difíciles de asimilar y que son capaces de producir, al mismo tiempo, vértigo y fascinación. A veces es difícil apreciar el carácter real de las cosas, pero no podemos olvidar su rostro.

Ignacio Álvarez Montoya

El rostro de la sombra

Domingo, 04:15 horas

El lugar era perfecto.

El primer tramo de la carretera de Castilla, saliendo de la ciudad, se encontraba completamente a oscuras. En cuanto se dejaba atrás el Puente de los Franceses se entraba de lleno en la boca del lobo. Solo los que habitualmente hiciesen ese recorrido podrían saber que a la izquierda se hallaba el bosque de pinos de la Casa de Campo; y a la derecha, las praderas onduladas del campo de golf. Y ni una sola luz. Ni siquiera se distinguía el perfil de los árboles centenarios recortando caprichosamente la noche. Todas las farolas que tachonaban la carretera estaban apagadas, sin duda por alguna avería.

Caminaban muy juntos, quizá por temor a perderse si se separaban demasiado, aunque el camino lo conocían de sobra; o quizá para poder sujetarse a algún sitio en caso de tropezar, y no porque el suelo fuera irregular, más bien tenían dificultades para mantenerse por sí mismos en posición vertical.

Borja trataba de explicar a sus dos amigos el motivo de aquella oscuridad:

1 **un rostro** cara – 1 **una sombra** parte oscura, sin luz; desconocimiento; apariencia; *fig* indicio incierto – 4 **un tramo** espacio, división o parte de un camino – 5 **a oscuras** *loc* sin luz, oscuro – 5 **en cuanto** *loc* tan pronto como, inmediatamente después de hacer uc – 6 **Puente de los Franceses** puente sobre el río Manzanares al norte de Madrid; se lo conoce con ese nombre por la nacionalidad de los ingenieros que lo idearon en la segunda mitad del S. XIX – 6 **de lleno** *loc* totalmente – 7 **una boca de lobo** lugar muy oscuro – 9 **Casa de Campo** el mayor parque de Madrid – 9 **una pradera** campo con mucha hierba (Wiese) – 10 **ondulado** que tiene ondas, pequeñas elevaciones (como las que forman las olas del mar) – 11 **distinguir** diferenciar, reconocer – 11 **un perfil** figura, silueta – 11 **centenario** de cien años (más o menos) – 11 **recortar** *fig* destacar la figura de uc sobre otra – 12 **caprichoso** *fig* que no sigue modelo o razón – 12 **una farola** farol grande que da luz en calles o carreteras – 12 **tachonar** *fig* cubrir una superficie casi por completo – 13 **una avería** error, daño que no hace posible el funcionamiento de un aparato, instalación, vehículo, *etc* – 14 **el temor** miedo, acción de temer uc – 15 **de sobra** *loc* bastante, más que suficiente – 16 **tropezar** chocar, colisionar – 19 **tratar de + INF** intentar hacer uc

–Lo dijeron en un telediario. Una panda de rumanos se dedica a robar los cables para vender el cobre. Abren un registro, atan una soga a los hilos y desde un coche tiran a lo bestia. Destrozan todo, pero se llevan unos cuantos metros.

–¡Y nos dejan sin luz, los muy cabrones! –se lamentó Claudio.

–¡Pero a nosotros nos lo han puesto en bandeja! –rió Adrián.

Cuando llegaron a la altura de la pasarela ciclista, que cruza todos los carriles de la carretera, se detuvieron junto a una fuente. Abrieron el grifo y uno por uno fueron metiendo la cabeza debajo del chorro.

–¿Estáis tan pedo como yo? –preguntó Claudio, sacudiéndose como un perro mojado.

–Yo creo que estoy peor –reconoció Borja.

–Es que no sabéis beber –Adrián se pasaba las manos por el pelo una y otra vez, como si con ese gesto quisiera espantar a algún espíritu que rondase su cabeza–. Os falta práctica.

–¡Quién fue a hablar! –saltó Claudio–. Recuerda que la última vez te tuvimos que llevar en brazos hasta tu casa.

–Ese día me sentó mal.

–¡Sí! ¡Esa es la excusa que dan todos! –remachó Borja.

1 **una panda** grupo, pandilla que forman algunos para hacer daño – 2 **un cable** cable eléctrico – 2 **el cobre** Kupfer – 3 **atar** unir uc a otra sin permitir que pueda separarse – 3 **una soga** Strick, Seil – 3 **un hilo** cable transmisor; *alambre* metálico muy delgado (Draht) – 4 **a lo bestia** *loc* con violencia, sin cuidado – 4 **destrozar** destruir, romper – 5 **el muy** *loc coloq* para intensificar una cualidad, normalmente peyorativa o despectiva – 5 **un cabrón** *coloq vulg* molesto, perverso, que hace malas acciones – 5 **lamentarse** quejarse de uc o up – 7 **poner en bandeja (de plata) a up** *loc coloq* ofrecer una oportunidad muy clara y apropiada para un fin – 8 **una pasarela** puente pequeño o provisional – 8 **ciclista** relativo a bicicletas y quien va en ellas (ciclistas) – 9 **un carril** calle, vía, pista – 9 **detenerse** parar, frenar, dejar de moverse – 11 **un chorro** porción de líquido que sale con fuerza por una parte estrecha (grifo, tubo, *etc*) – 12 **pedo** *vulg fam juv* borracho, bebido, alcoholizado – 12 **sacudir** mover violentamente uc de un lado a otro – 13 **mojado** ≠ seco – 16 **espantar** hacer que up se asuste y escape o se vaya – 17 **rondar** estar alrededor; pasar una idea por la cabeza o imaginación – 18 **saltar** manifestar algo bruscamente, por lo general como reacción a uc – 20 **sentar** *coloq* ser recibida por el estómago una comida o bebida de cierta manera – 21 **una excusa** motivo o razón que se da para que se perdone un error o falta – 21 **remachar** destacar, acentuar lo dicho o hecho

Los tres se rieron escandalosamente y, sin motivo, comenzaron a empujarse. Borja estuvo a punto de caer y solo un cartelón que había junto a la fuente le impidió perder el equilibrio.

De vez en cuando, de manera muy espaciada, pasaba algún coche por la carretera, a tan solo unos metros de donde se encontraban. Oían el rugido del motor abriéndose paso en el silencio envolvente de la noche y sentían el barrido de los faros, que solían llevar las luces largas conectadas. Luego, el ruido se iba apagando lentamente, muy lentamente, hasta que, por lo general, solía confundirse con otro que comenzaba a acercarse.

Claudio se secó la cara con la manga de la camisa.

-Tengo frío -dijo-. Vámonos a casa.

-¡Pero qué dices! -pareció molestarse Adrián-. Crees que nos hemos dado esta caminata a las cuatro de la madrugada para nada.

-Entonces... -titubeó Claudio, antes de hacer la pregunta-, ¿vamos a hacerlo?

Borja se volvió de inmediato a Adrián, buscando una respuesta.

-¿Tú que dices? -le preguntó.

-¡Claro que vamos a hacerlo!

2 **empujar** hacer fuerza contra up para moverla – 2 **estar a punto de + INF** *loc* estar cerca de pasar uc, quedar poco para realizarse – 3 **un cartelón** *aum* **un cartel** señal o anuncio publicitario; *aquí:* estructura para ponerlo o sujetarlo – 3 **impedir** evitar o dificultar que ocurra algo – 5 **de vez en cuando** *loc* a veces, con cierta frecuencia pero sin continuidad – 5 **espaciar** separar, haber espacio en el tiempo – 7 **un rugido** ruido fuerte, explosión – 7 **abrir paso** *loc* dejar pasar, hacer espacio – 8 **envolvente** que cubre o cierra alrededor – 8 **un barrido** proceso de recorrer con una máquina un espacio para percibir con atención y precisión (como lo haría una cámara cinematográfica, *p ej*) – 9 **un faro** foco que llevan los vehículos en la parte delantera para tener luz y poder ver – 11 **confundir** mezclar cosas diversas, unirlas de forma que no puedan reconocerse o diferenciarse – 13 **una manga** Ärmel – 16 **una caminata** *coloq* paseo o recorrido largo y cansado o molesto – 18 **titubear** dudar, no estar seguro – 20 **de inmediato** *loc* al instante, inmediatamente

Claudio comprendió en ese momento que de nada le valdría oponerse. Adrián había dicho que seguirían adelante y nada les haría retroceder, sobre todo porque Borja siempre se ponía de su lado. Dos contra uno. Por consiguiente, solo le quedaba aguantar. Aguantarse. Eso, o marcharse. Pero no se encontraba bien, le dolía el estómago y su cabeza parecía no pertenecerle. Ni siquiera estaba seguro de poder llegar solo hasta su casa. Tendría que aguantar con sus amigos, que seguramente no estarían mejor que él. Debían estar incluso peor, mucho peor, pues los dos habían bebido el triple, por lo menos.

–No me encuentro bien –insistió por última vez, pero sus amigos ni siquiera le escucharon.

Adrián y Borja ya habían comenzado a caminar, siempre en paralelo a la carretera. Claudio los siguió de mala gana. Además, sabía que no irían muy lejos, pues el sitio elegido estaba próximo. Se trataba de otra pasarela más antigua que la que utilizaban los ciclistas, totalmente metálica, pintada de gris. Recordaba a esos viejos puentes de hierro de las redes ferroviarias. La de los ciclistas cruzaba justo por donde la carretera se bifurcaba y eso les parecía un inconveniente; sin embargo, la antigua, a tan solo doscientos metros de distancia, estaba ya en plena carretera. El lugar perfecto.

Claudio observaba cómo sus dos amigos se agachaban de vez en cuando, apartaban los hierbajos más altos y daban patadas a algunas piedras. Observó también cómo usaban sus móviles para ver mejor. No tardaron en encontrar lo que andaban buscando: un par de piedras de tamaño considerable.

1 **valer** ayudar, servir – 2 **oponer** enfrentar, combatir – 2 **adelante** en la misma dirección, hacia el frente, hacia delante – 3 **retroceder** regresar, volver atrás – 4 **por consiguiente** *loc* en consecuencia, por tanto – 5 **aguantar** resistir, soportar – 10 **el triple** tres veces más o mayor – 14 **de mala gana** *loc* con resistencia, molesto – 18 **un hierro** metal muy duro (Eisen) – 19 **ferroviario** con relación a los trenes y a sus vías o caminos – 20 **bifurcarse** dividirse en dos caminos o vías – 20 **un inconveniente** desventaja, problema, oposición – 22 **pleno** parte central de uc – 23 **agacharse** doblar el cuerpo hacia abajo (sich bücken) – 24 **apartar** quitar, poner aparte, alejar; ≠ acercar – 24 **un hierbajo** *despect* mala hierba – 25 **una patada** golpe con el pie – 27 **andar** *aquí:* estar – 27 **el tamaño** dimensión, volumen

Con ellas a cuestas, llegaron hasta la rampa de la pasarela, donde las dejaron caer. Claudio, prácticamente, ya les había alcanzado.

Adrián se sacudió las manos, para librarse de algún resto de arenilla o de alguna brizna de hierba. Luego sacó su móvil y se lo mostró a sus amigos.

–¿Estáis de acuerdo en que yo lo grabe? –les preguntó.

Borja afirmó decidido con un gesto contundente de su cabeza. Claudio, resignado, asintió también.

Adrián señaló los dos pedruscos, que parecían estar montando guardia junto a la pasarela. Borja y Claudio, como si tuvieran la lección bien aprendida, se agacharon y los cargaron. Este gesto y el hecho de ver frente a él a sus dos amigos con aquellas piedras entre las manos, sumisos, dispuestos a seguirle, le hizo sentirse el líder indiscutible del grupo, cargo que nadie le había discutido jamás.

–Yo me colocaré en la cuneta, tras la valla de protección, y vosotros subís a la pasarela –comenzó a elaborar el plan en voz alta, aunque en realidad sus amigos pensaron que había comenzado a dar órdenes–. Recordad que os tenéis que colocar sobre el carril derecho. ¿Quién va a tirar primero la piedra?

Borja hizo un gesto con la cabeza, señalando a Claudio, que permanecía algo encogido, y dijo:

–Este.

1 **a cuestas** *loc* llevar uc sobre los hombros o las espaldas, encima – 1 **una rampa** terreno inclinado para subir o bajar – 5 **una arena** *dim* arena pequeña (Sand) – 5 **una brizna** porción insignificante, muy pequeña de uc – 7 **grabar** registrar imágenes, sonidos o datos en un soporte adecuado para guardarlos – 8 **contundente** que, al producir gran impresión, convence – 9 **resignarse** conformarse, tolerar, aguantar – 9 **asentir** afirmar, admitir – 10 **un pedrusco** *coloq* piedra bruta, sin trabajar – 11 **montar la guardia** *loc* vigilar, controlar como hacen los militares de guardia – 12 **cargar** llevar encima un peso – 14 **sumiso** que hace lo que otra persona dice, *obediente* (gehorsam) – 14 **dispuesto** → disponer, estar listo – 15 **indiscutible** que no se puede discutir, pues está claro – 15 **un cargo** puesto, responsabilidad, obligación de up – 17 **colocar** poner – 17 **una cuneta** margen en cada uno de los lados de un camino o carretera para recibir las aguas – 17 **una valla** Zaun – 17 **una protección** uc para proteger, defender de peligros – 18 **elaborar** crear, formar, producir – 20 **dar órdenes** *loc* ordenar, mandar – 20 **colocar** poner – 23 **encogido** con poco ánimo, con miedo

Adrián se acercó a Claudio hasta que sus alientos pestilentes se confundieron.

-Tienes que soltar la piedra antes de que pase el coche. No tiene que caer sobre él. Que el conductor la vea caer y que haga una maniobra para esquivarla. De eso se trata. ¿Lo entiendes?

-Estoy mareado -la voz de Claudio le llegaba a los labios entre arcadas, mezclada con un sabor agrio, muy desagradable.

-¿Lo entiendes? -repitió la pregunta Adrián, y esta vez sus palabras sonaban a amenaza.

-Sí -respondió al fin Claudio.

-¡La piedra tiene que caer antes de que pase el coche! -insistió Adrián-. ¡Que el conductor la vea caer y se acojone!

Borja y Claudio asintieron con la cabeza. Los dos creían haberlo entendido a la perfección. Era sencillo. Sin embargo, algo les hacía dudar, era difícil de explicar: una sensación de tener los pies sobre la tierra y flotar al mismo tiempo, no ver nada y ver muchas cosas, percibir el silencio como algo gigantesco e inquietante...

Mientras Adrián buscaba un sitio estratégico en la cuneta, Borja y Claudio ascendieron lentamente por la rampa, con su pedrusco a cuestas. El camino era largo, parecido a una zeta, pues, para salvar la pendiente sin brusquedad, la pasarela tenía varios tramos.

Adrián encendió su móvil y activó la cámara. Encuadró la carretera. La imagen abarcaba la pasarela y un largo tramo de calzada, casi recto. Además, había un matorral alto que le

1 **un aliento** aire que se echa fuera al respirar – 1 **pestilente** que da mal olor – 3 **soltar** dejar salir, liberar, dejar libre – 5 **una maniobra** operación que se hace con un vehículo para cambiar la dirección – 5 **esquivar** evitar – 7 **una arcada** movimiento violento del estómago que lleva al vómito – 7 **agrio** desagradable, amargo – 9 **una amenaza** señal de peligro o de que va a pasar algo malo – 12 **acojonar** *Esp vulg* dar miedo, impresionar profundamente – 14 **a la perfección** *loc* perfecta, completamente – 16 **flotar** estar en suspensión, *p ej* al nadar o volar – 20 **ascendente** que sube a un sitio más alto, que va hacia arriba – 22 **salvar** pasar un obstáculo por encima o a través de él; recorrer la distancia entre dos lugares – 22 **la brusquedad** cualidad de brusco, duro, agresivo – 24 **encuadrar** delimitar una escena con el objetivo de una cámara, poner en cuadro – 25 **abarcar** percibir, dominar uc con la vista de una vez – 26 **una calzada** calle, carretera – 26 **un matorral** Dickicht, Gestrüpp

protegía. Era imposible que le vieran, que sospecharan incluso que estaba allí, agazapado. Desde su escondite, miraba con ansiedad a sus amigos. Al fin iban a culminar el plan que se les había ocurrido aquella misma noche bebiendo en el parque. Cuando apuraron la primera botella y comenzaron con la segunda ya lo tenían todo pensado. Primero tenían que conseguir una buena grabación, y después, difundirla por internet. Y ahora, estaban a punto de conseguir el primer objetivo de su plan.

A Adrián le preocupaba sobre todo Claudio, y no por su estado físico, que evidentemente no era el mejor, sino porque siempre era el más indeciso, al que había que llevar a rastras en muchas ocasiones. Era un buen amigo, pero parecía que le costaba serlo, que tenía que hacer un esfuerzo. Estaba con ellos y, sin duda, se sentía a gusto, pero siempre ponía pegas, veía dificultades, hacía un mundo de cualquier insignificancia, lo cuestionaba todo... Adrián solía ponerle un mote, aunque tenía la delicadeza de decírselo solo en privado: Claudio el tocapelotas. Y sí, a Adrián le preocupaba que en el último momento no se atreviese a arrojar la piedra, o que reaccionase de una manera imprevista.

Habían elegido con premeditación los carriles de entrada a la ciudad, y lo habían hecho, sobre todo, pensando en la

2 **agazaparse** esconderse u ocultarse encogiendo el cuerpo contra la tierra – 2 **un escondite** lugar donde se esconde a uc o up – 3 **la ansiedad** estrés, angustia – 3 **culminar** dar fin a una tarea, terminarla – 4 **ocurrirse** tener una idea de repente, pensarla sin esperarlo – 5 **apurar** consumir, terminar – 7 **difundir** extender, conseguir difusión para uc – 11 **evidente** claro, manifiesto – 12 **indeciso** inseguro; ≠ decidido – 12 **a rastras** *loc* contra su voluntad, obligado – 13 **una ocasión** oportunidad, posibilidad para hacer o conseguir uc – 15 **a gusto** *loc* contento, satisfecho, cómodo – 15 **poner pegas** *Esp loc coloq* encontrar defectos – 16 **hacer un mundo de uc** *loc coloq* dar demasiada importancia a una dificultad o uc que no la tiene – 17 **un mote** alias, pseudónimo, nombre que suele darse a up en sustitución del propio (normalmente tomado de su aspecto físico u otra circunstancia) – 18 **la delicadeza** cuidado, tacto en las formas – 19 **un tocapelotas** *coloq vulg* up molesta que por su actitud o forma de actuar pone agresivos, incómodos o nerviosos a otros – 20 **atreverse** animarse, tener valor, decidirse a hacer uc difícil o *arriesgada* (→ riesgo) – 20 **arrojar** tirar, echar con fuerza – 21 **imprevisto** que no se espera – 22 **la premeditación** pensar y valorar bien un asunto antes de realizarlo

huida, pues siempre podrían escabullirse con facilidad por la Casa de Campo, un lugar que conocían muy bien, pues solían ir allí a montar en bicicleta; casi se sabían de memoria todos sus caminos, y la oscuridad no sería un obstáculo para encontrarlos y escapar a toda prisa.

La noche era muy oscura. Adrián levantó la cabeza y buscó la luna. No la encontró. Seguía con el móvil preparado, activo. Apenas veía nada, solo contornos difusos; pero confiaba en que el coche que se acercase iluminase la escena con sus focos. Ese era el plan.

No tuvieron que esperar mucho tiempo. Un resplandor lejano les avisó de que se acercaba un vehículo. En lo alto de la pasarela, Borja alertó a Claudio. Él debía tirar la primera piedra. Este afirmó con la cabeza, como dando a entender que se había dado cuenta. Colocó la piedra sobre el pretil de la barandilla y esperó, con la mirada fija en el asfalto, que se iba aclarando a medida que el coche se acercaba. Recordó las indicaciones de Adrián: la piedra tenía que caer justo antes de que llegase el coche. Calculó mentalmente la distancia y, cuando creyó que había llegado el momento, la lanzó.

Adrián, desde su escondrijo, no pudo ocultar un gesto de alegría al comprobar que Claudio lo había hecho a la perfección. Lo estaba grabando todo. La piedra estalló contra la calzada unos metros antes de que el coche llegase a ella. Para no perder detalle, seguía con el móvil los focos de vehículo. Esa debía ser siempre su referencia. El coche viró bruscamente hacia la izquierda y, por un momento, dio la sensación de que

1 **una huida** escapada, escape – 1 **escabullirse** irse, desaparecer escondidamente – 4 **un obstáculo** dificultad, inconveniente (Hindernis) – 5 **a todo** *loc coloq* con el máximo esfuerzo, al máximo – 8 **un contorno** silueta, forma, figura – 8 **difuso** vago, impreciso, indeterminado – 11 **un resplandor** brillo, luz muy clara – 12 **avisar** dar noticia, informar de uc antes de que ocurra – 13 **alertar** avisar de un peligro o ataque, informar antes de que ocurra – 15 **darse cuenta de uc** *loc* notar, percibir – 15 **un pretil** pequeño muro protector en puentes y lugares altos para evitar caídas (Brüstung) – 16 **una barandilla** balaustrada que se utiliza en balcones, puentes, *etc* (Geländer) – 16 **una mirada** → mirar; vista – 19 **mental** relativo a la mente, al pensamiento – 20 **lanzar** tirar, arrojar, echar – 21 **un escondrijo** lugar oculto y apropiado para esconderse del exterior; escondite – 23 **estallar** explotar, detonarse, reventar – 26 **virar** girar, torcer

el conductor perdería el control, pero se rehizo y continuó la marcha por el carril izquierdo. Vieron cómo, una vez controlada la situación, se encendían las luces de frenado y, luego, las de alarma. Pensaron que el coche se detendría y en ese caso el plan era echar a correr. Pero el coche no llegó a detenerse del todo, quitó las luces de alarma y continuó finalmente la marcha.

Los tres amigos eran conscientes de que el conductor de ese vehículo habría avisado de inmediato a la policía, lo que significaba que no podrían entretenerse mucho tiempo. Arrojarían la segunda piedra y se marcharían a toda prisa.

Tuvieron suerte, pues el siguiente vehículo casi pasó a continuación. Emocionado, pensando en las imágenes que había grabado, Adrián volvió a dirigir su móvil hacia la calzada. Las luces se aproximaban. Ahora le tocaba el turno a Borja, y seguro que él no iba a fallar. Además, ya tenía la referencia de la piedra anterior, cuyo lanzamiento había resultado perfecto.

Y Borja tampoco falló. Arrojó la piedra en el momento adecuado y, como la vez anterior, ésta se estrelló contra el asfalto unos metros antes de que el coche llegase.

Adrián ya lo estaba grabando todo. Esta vez el coche hizo una maniobra distinta. En vez de girar a la izquierda y tratar de esquivar la piedra por ese carril, giró con brusquedad a la derecha, tratando de salvarlo por el arcén; pero lo que consiguió fue golpearse contra el protector de hierro y salir despedido sin ningún control. Cruzó todos los carriles y se estrelló contra la mediana. Como consecuencia del nuevo impacto, volcó hacia

1 **continuar** seguir haciendo uc – 2 **una marcha** camino, recorrido, actividad – 3 **un frenado** acción y efecto de frenar, detener, parar – 8 **consciente** up que sabe la consecuencia de sus actos – 10 **entretenerse** divertirse, distraerse haciendo uc; extenderse haciendo algo – 11 **marcharse** irse – 13 **emocionar** causar emoción, impresión e interés intensos – 15 **tocar el turno** ser el siguiente, tener la vez en lugar del anterior – 19 **estrellar** chocar, colisionar violentamente – 24 **salvar** librar de peligro; vencer un obstáculo – 25 **golpear** pegar, dar con fuerza, chocar – 25 **despedir** echar fuera con fuerza, violencia – 27 **una mediana** separación entre los carriles con diferente dirección en una autopista o autovía – 27 **un impacto** golpe, choque, colisión – 27 **volcar** volver uc hacia un lado o dar la vuelta totalmente, de forma que cae lo que hay en ella

un lateral y dio dos vueltas sobre si mismo, quedando panza arriba, con las ruedas girando, envuelto en una nube de humo.

El ruido del accidente fue espeluznante, pero a Adrián no le tembló la mano y lo grabó todo. Borja y Claudio bajaron como locos por la pasarela. Se reunieron los tres junto a la fuente.

–¡Alucinante! –exclamó Adrián, que se sentía muy agitado.

–¡Qué pasada! –Borja negaba con la cabeza, como si no se lo pudiera creer.

Claudio solo repetía una y otra vez la misma palabra, mientras negaba con la cabeza:

–¡Dios! ¡Dios! ¡Dios!

Adrián agarró con fuerza el móvil y se lo mostró a sus amigos. No podía disimular un gesto de orgullo.

–¡Aquí esta todo! –les dijo.

Oyeron la sirena de la policía. Estaba claro que algún coche patrulla ya se acercaba a toda velocidad hacia el lugar del accidente.

–¡Vámonos!

Y como si el mismísimo diablo les estuviera persiguiendo –y tal vez fuese así–, echaron a correr y se internaron en la oscuridad de los pinares de la Casa de Campo. Al principio, lo hicieron campo a través, desestimando el asfalto del paseo de Piñoneros, pues les parecía que debían evitar los pocos lugares por los que pueden transitar vehículos dentro del gran

1 **lateral** que está a un lado – 1 **una panza** estómago o vientre; **panza arriba** *fam* con el estómago hacia arriba – 2 **una rueda** Rad – 2 **envolver** *fig* rodear, cubrir uc por todas sus partes – 2 **el humo** gas que sale del fuego – 3 **espeluznante** aterrador, horrible – 4 **temblar** moverse con frecuencia e involuntariamente; tener mucho miedo – 6 **exclamar** proclamar, decir con vehemencia – 6 **agitado** acelerado, intranquilo, inquieto – 7 **una pasada** *Esp coloq juv* flipante, demasiado, increíble, alucinante – 7 **negar** ≠ afirmar – 12 **agarrar** coger (*Esp*) con fuerza – 13 **disimular** ocultar, esconder algo – 15 **una sirena** sonido que se oye a mucha distancia y se usa como señal de aviso en automóviles, *etc* – 16 **una patrulla** grupo de policías que pasa por diferentes lugares para mantener orden y seguridad – 16 **la velocidad** rapidez – 20 **internarse** ir hacia dentro, meterse en el interior de un lugar – 21 **un pinar** bosque, grupo de pinos – 22 **a campo través** *loc* dejando el camino y cruzando el campo – 22 **desestimar** no valorar bastante a up o uc, no considerarla buena – 23 **un pino piñonero** pino con piñas que producen *piñones* comestibles (Pinienkern) – 24 **transitar** pasar por una calle, carretera, *etc* personas y vehículos

parque. Cruzaron las vías del tren y solo se detuvieron junto a la pendiente del Camino de Garabitas. Los tres sudaban y jadeaban como si les faltase el aire. Se miraban y parecía que iban a hablar, a decirse alguna cosa; pero la fatiga les mantenía mudos, más pendientes de encontrar el aire imprescindible para ventilar sus pulmones, para bombear sus corazones. Primero, se imponía recobrar el aliento.

En aquel lugar, el silencio era imponente, absoluto. Parecía que todos los animalillos, que a buen seguro vivirían por allí, se hubieran callado de repente, asustados por aquellos intrusos inesperados; incluso, el viento se había calmado y había cesado el ulular de las ramas de los árboles. Adrián levantó la cabeza y miró al cielo. Volvió a buscar la luna, pero tampoco la encontró, a pesar de que el cielo estaba limpio y despejado. Por un lado, una noche sin luna era un pequeño fastidio, y, por otro, una gran ventaja. Ellos verían menos, pero también sería más difícil que les vieran.

De repente, Claudio se dobló sobre sí mismo y se agarró el estómago con las dos manos.

–¡No puedo más! –exclamó justo antes de que su boca se convirtiera en un surtidor.

Borja y Adrián tuvieron que apartarse para que el vómito no les cayera encima. Pero ellos no se encontraban mejor y, quizá fue el olor profundo y desagradable que les invadió lo que precipitó el desenlace. Borja y Adrián casi se doblaron a la vez y ni siquiera pudieron pronunciar una sola palabra. Todo lo

3 **jadear** respirar echando fuera el aire con dificultad y mucha vehemencia, por efecto del cansancio – 4 **la fatiga** estar cansado, sin fuerza – 5 **mudo** sin sonido, que no puede hablar – 5 **pendiente** muy atento, con gran atención o preocupación por algo – 5 **imprescindible** absolutamente necesario, obligatorio – 6 **ventilar** dejar que entre aire – 6 **bombear** moverse, latir – 7 **imponerse** hacerse necesaria uc, ser imprescindible – 7 **el aliento** ánimo, esfuerzo, valor – 8 **imponente** que produce temor o respeto – 10 **callar** no hablar, permanecer en silencio – 10 **asustar** dar miedo, impresionar – 10 **un intruso** que se ha introducido sin derecho (Eindringling) – 12 **ulular** producir sonido parecido al del viento – 14 **despejado** estar sin nubes el cielo – 15 **un fastidio** molestia, enfado – 21 **un surtidor** *fig* fuente, que echa agua – 25 **precipitar** hacer más rápido, acelerar; ir hacia un lugar más rápidamente – 25 **un desenlace** final, resultado

que llevaban dentro de sus aparatos digestivos comenzó a salir al exterior sin control, como cuando se abren las compuertas de un embalse y el agua se precipita enfurecida, incontenible.

Estuvieron varios minutos casi inmóviles, tratando de mantener erguidos sus propios cuerpos, que por momentos parecían convertirse en pesados sacos a punto de derrumbarse. Luego, poco a poco, se fueron recuperando e, instintivamente, se alejaron de esos charcos nauseabundos que ellos mismos habían creado.

Bajaron toda la cuesta de Garabitas en silencio, por uno de los caminos que transcurre en paralelo a la pista de asfalto. Y los tres notaron que, después de haberse liberado de la pesada carga etílica que llevaban dentro de sus cuerpos, la caminata y el aire limpio de la Casa de Campo les estaban recomponiendo el organismo.

Muy cerca de la M-30, en una plazoleta por la que se accede a un túnel que cruza la autovía de circunvalación, se detuvieron junto a una fuente. Volvieron a meter las cabezas debajo del chorro, volvieron a lavarse la cara y las manos; se enjuagaron la boca. Ya se sentían otras personas, o en realidad, se sentían las personas que eran. No obstante, ninguno se decidía a hablar, ni siquiera un comentario intrascendente.

Cruzaron la M-30. Estaban llegando a su barrio. A sus dominios. Agradecieron las farolas encendidas, los rótulos luminosos de algunos comercios y de algunos cartelones

2 **una compuerta** Schleuse – 3 **un embalse** depósito o lago artificial para guardar agua – 3 **enfurecido** con furia, rabia, enfado – 3 **incontenible** que no se puede parar, reprimir – 5 **erguido** recto, firme, derecho – 6 **derrumbar** caer por su propio peso – 7 **recuperarse** volver a un estado de normalidad después de una crisis o situación difícil, volver en sí – 8 **un charco** agua u otro líquido formado en el terreno – 8 **nauseabundo** asqueroso, desagradable, que produce rechazo físico – 11 **transcurrir** pasar – 13 **etílico** alcohólico – 14 **recomponer** poner en su lugar, recuperar el equilibrio – 16 **M 30** vía de circunvalación de Madrid, alrededor de la ciudad – 16 **una plazoleta** pequeña plaza, generalmente con jardines – 16 **acceder** entrar o pasar a un lugar – 17 **una circunvalación** carretera que rodea una población y tiene diferentes entradas – 19 **enjuagar** limpiar boca y dentadura con agua u otro líquido – 22 **intrascendente** sin importancia – 24 **un dominio** *pl fig* territorio que está bajo dominio de un poder soberano, bajo control – 24 **un rótulo** cartel, anuncio donde hay un escrito – 25 **luminoso** que emite o produce luz

publicitarios. Tenían la sensación de haber vuelto a la civilización después de un largo y accidentado viaje. Y el barrio, como de costumbre, se mostraba protector, familiar, en calma, aparentemente ajeno a los sentimientos de todos sus vecinos, pero solo aparentemente.

4 **ajeno** de fuera, extraño, externo, no propio

Domingo, 05:30 horas

Llegar a su barrio les tranquilizó, aunque no les devolvió la calma. Eran conscientes de que les quedaba por delante una gran parte de su plan, que no iba a ser sencillo. Grabar con un teléfono móvil cómo los coches esquivan un pedrusco en la carretera y cómo uno de ellos sufre un espectacular accidente no tenía sentido si no conseguían difundirlo. Esa era la regla número uno del juego. Lo sabían de sobra. Sus muchas horas ante una pantalla de ordenador, navegando por la red, buscando, compartiendo hallazgos con los amigos, así se lo indicaban. ¿De qué le servía a un grafitero pintarrajear un vagón de metro en plena estación si luego no volcaba las imágenes de su hazaña en internet? Eso era la salsa, la auténtica salsa, la diversión, lo emocionante... Y cuanto más arriesgado, mejor.

No era la primera vez que volcaban grabaciones a la red, aunque eran conscientes de que en esta ocasión habían dado una vuelta de tuerca que podía resultar peligrosa si no tomaban medidas de seguridad. Pero no eran tontos ni incautos, ni siquiera tan inexpertos e ingenuos para meter la pata hasta el fondo. Ellos lo iban a hacer bien, sin cometer fallos, sin descubrir su identidad, que era algo que perdía a muchos. El afán de notoriedad, de protagonismo, podía ser lo más peligroso; por tanto, habían convertido una palabra en una especie de consigna: «anonimato».

10 **un hallazgo** descubrimiento, uc importante que se encuentra – 11 **un grafitero** up que dibuja y escribe grafitis o pintadas en las paredes – 11 **pintarrajear** *coloq* manchar uc de varios colores sin cuidado y sin arte – 12 **un vagón** coche o vehículo de trenes, metros, *etc* – 13 **una hazaña** acción importante, heroica (propia de héroes) – 13 **una salsa** uc que anima, da gracia o interés a algo – 15 **arriesgado** peligroso – 18 **dar una (u otra) vuelta de tuerca** *expresión* indica que se va más allá o que se pasa un límite seguro – 20 **un incauto** simple, inocente, naíf – 20 **inexperto** sin experiencia – 21 **meter up la pata (hasta el fondo)** *loc coloq* hacer o decir uc equivocada o inadecuada – 23 **la notoriedad** fama, importancia – 25 **una consigna** frases o palabras que representan a un grupo, lema; clave secreta

Nadie debería saber que habían sido ellos los autores de la grabación. Ya la habían revisado y era imposible identificarlos. Solo en un par de momentos, se adivinaba la silueta de Borja y Claudio, encaramados a la pasarela; pero la distancia y la noche les hacían completamente irreconocibles. No eran más que sombras lejanas, difusas. Además, habían tomado la precaución de no hablar; no solo no pronunciar sus nombres, como en alguna ocasión había hecho algún imbécil, sino permanecer todo el tiempo con la boca bien cerrada. Ni una sola palabra. El único sonido era el del coche: el motor, el frenado, el derrape, el golpe... Esa sería la banda sonora de su película. Con eso sobraba. El ruido del golpe, del coche al volcar, resultaba realmente espeluznante. Lo habían visionado una y otra vez en la pantalla del móvil. Adelante. Atrás. Otra vez adelante. Otra vez atrás. Al verlo, no podían evitar una sensación muy rara que les recorría las entrañas.

Llegaron a la verja del instituto. Su instituto, donde cursaban primero de Bachillerato. Los tres iban a la misma clase y los tres eran alumnos brillantes, a los que no se conocía ningún suspenso, nunca. A veces, hasta se picaban entre sí para ver quién sacaba mejores notas. La lucha era enconada, pues ninguno llegaba a destacar. Parecía como si ellos mismos se hubiesen puesto de acuerdo para ir pasándose el testigo y fuesen conscientes de que la carrera debían ganarla los tres, en equipo.

La puerta de hierro, evidentemente, estaba cerrada, pero ellos ya sabían por donde podían saltar con facilidad, justo en la parte trasera, donde lo barrotes eran sustituidos por una

4 **encaramarse** subir a un lugar alto y difícil de alcanzar – 8 **un imbécil** *despect coloq* idiota, tonto, estúpido – 11 **un derrape** Schleudern – 11 **una banda sonora** música de una obra cinematográfica – 12 **sobrar** haber más de lo que se necesita, ser más que suficiente – 16 **una entraña** *pl* sentimientos, ánimo; parte que menos se ve de uc – 17 **una verja** muro, valla (Gittertür) – 20 **picar** *fig* molestar, buscar hacer daño o provocar – 21 **enconado** violento, insistente – 23 **un testigo** uc que los deportistas dan a su compañero en las carreras de *relevos* (Staffelstab) – 28 **trasero** que está detrás, en la parte de atrás – 28 **un barrote** Eisenstange – 28 **sustituir** cambiar

tela metálica en mal estado. Cruzaron el patio y las canchas de baloncesto, donde solían dar las clases de Educación Física; bordearon los jardines que circundaban el edificio y se plantaron ante una especie de puerta de servicio. La puerta era metálica y estaba cerrada por dentro con cerrojo, lo que la hacía casi infranqueable. Pero eso no iba a detenerlos.

La misma puerta, de superficie irregular, y la ayuda de sus amigos, permitieron a Borja, el más ágil y liviano de los tres, trepar como un gato hasta una ventana situada prácticamente encima. Una vez allí, bastó un empujón para que cediese una de las batientes.

Antes de perder de vista a Borja, Adrián, con la voz contenida, le recordó algo:

–¡No dejes huellas en ninguna parte!

Borja se limitó a asentir con la cabeza. Luego saltó al interior. Aunque venía de la oscuridad, dentro se sintió en la penumbra total. Sabía que no podía encender ninguna luz. Sacó su móvil para orientarse con la luz de la pantalla. Una vez en el pasillo, todo le resultó más fácil, más familiar. Incluso había unas pequeñas luces de emergencia, que permanecían encendidas todo el tiempo. Eso facilitaría las cosas.

Llegó a la puerta de servicio. Descorrió el cerrojo sujetándolo con los faldones de su camisa, para no dejar huellas, como le había advertido Adrián. Los dos amigos entraron a toda prisa.

1 **una cancha** campo o pista deportiva (para practicar deportes) – 2 **soler** tener costumbre, hacer frecuentemente – 3 **bordear** recorrer el borde o límite de algo – 3 **circundar** rodear – 4 **plantarse** *coloq* llegar con brevedad a un lugar, rápidamente – 5 **un cerrojo** cierre en forma de T para puertas y ventanas (Riegel) – 6 **infranqueable** imposible o muy difícil de pasar (al otro lado) – 8 **ágil** que se mueve con facilidad y rapidez – 8 **liviano** ligero – 9 **trepar** subir con manos y pies a un lugar alto y difícil – 10 **ceder** disminuir o dejar de hacer resistencia – 11 **un batiente** marco contra el que se cierran puertas y ventanas – 12 **contenido** que resiste uc dentro sin dejarla salir; con medida – 14 **una huella** resto, señal, marca (Spur) – 16 **la penumbra** sombra, oscuridad con luz débil – 18 **orientar** saber up donde está, su posición u orientación para poder ir en una dirección determinada – 20 **de emergencia** *loc* que se lleva o sirve para salir de una situación de peligro o desastre – 22 **descorrer** abrir un cierre, quitarlo – 23 **un faldón** parte inferior de una prenda de ropa que queda por debajo del estómago – 24 **advertir** llamar la atención sobre uc, hacer notar, indicar

–¡Vamos, vamos, vamos! –la repetición de Borja era solo una forma de enmascarar su nerviosismo.

Una vez dentro del instituto, los tres se dirigieron hacia la sala de informática, donde se encontraba el ordenador principal, que daba servicio a todo el centro, tanto profesores como personal administrativo y, por supuesto, también a los alumnos. Aunque casi siempre utilizaban los equipos instalados en las aulas, a veces habían pasado por aquella sala para realizar determinados trabajos, sobre todo, en clase de informática. Allí nada les resultaba desconocido.

Tuvieron que forzar la puerta de entrada, pues estaba cerrada con llave. Empujaron con todas sus fuerzas hasta que sintieron que la madera, no muy resistente, cedía y se resquebrajaba.

Todo iba sobre ruedas y el plan que habían elaborado horas antes, tumbados en el parque, medio borrachos, se estaba cumpliendo con una perfección que a ellos mismos les habría sorprendido si se hubieran parado a pensarlo. Pero estaban tan agitados, tan nerviosos, tan fuera de sí, que solo querían seguir avanzando, experimentar la sensación de sentirse capaces de todo y dejarse llevar por la emoción de la gesta.

Si tocaban alguna cosa, inmediatamente borraban las posibles huellas con su ropa. Sabían que tarde o temprano se descubriría que la grabación había sido difundida desde el ordenador del instituto y tal vez tratasen de buscar a los culpables. Por si acaso, era mejor no dejar rastro.

En la sala de informática, como es natural, tenían todo lo que necesitaban. Por eso les resultó muy sencillo entrar en internet, crear un blog gratuito y volcar en él la grabación del móvil. Bastaría un buen titular para que entrasen algunas personas, entre esos millones que vagabundean sin cesar por

2 **enmascarar** ocultar, no manifestar uc, disimularla – 11 **forzar** hacer violencia o fuerza contra uc para conseguir un fin – 13 **resquebrajarse** romperse – 14 **sobre ruedas** *loc* muy bien, sin problemas – 15 **borracho** bebido, alcoholizado – 18 **fuera de sí** *loc* inquieto o enfadado – 19 **capaz** que puede hacer uc, con talento o cualidades para ello – 20 **una gesta** acto heroico, hechos en la memoria de un pueblo – 25 **un rastro** señal, huella – 30 **vagabundear** andar, ir sin dirección determinada – 30 **cesar** terminar, parar, acabar

la red sin saber muy bien lo que buscan y, por consiguiente, lo que desean encontrar. Luego, todo echaría a rodar solo, como una bola de nieve por la ladera de una montaña nevada. Eran conscientes de que esa simple bola de nieve podría provocar un verdadero alud. Esa era su intención y, si se producía, ese sería su éxito.

Salieron de internet y volvieron a entrar. Buscaron el blog que acababan de crear. Ellos serían los primeros visitantes. Vieron la película en la pantalla del ordenador. La diferencia con respecto al móvil era notable. Todo parecía más real, más de verdad. Y en el momento del accidente, de manera inconsciente, los tres contuvieron unos segundos la respiración. A continuación, se miraron y se interrogaron con la mirada; pero los tres trataron de esquivar las preguntas y, por consiguiente, evitar el compromiso de las respuestas.

–¡Ya está! –fue lo único que dijo Adrián, cuando terminaron de ver la grabación por segunda vez.

Apagaron el ordenador y volvieron a cerciorarse de que no dejaban ninguna huella. Adrián, incluso, llegó a quitarse su camiseta y con ella, como si fuera una gamuza, repasó la pantalla del ordenador, los cables que habían manipulado, el teclado... Todo. Ya nada les retenía dentro del instituto. Lo que procedía era salir cuanto antes y alejarse del lugar. Para levantar menos sospechas, salieron como habían entrado, es decir; Adrián y Claudio lo hicieron por la puerta se servicio, luego, Borja echó el cerrojo y salió por la misma ventana del piso superior, tomando la precaución de dejar las hojas encajadas.

2 **echar a rodar** *loc coloq* funcionar, ponerse en funcionamiento – 5 **un alud** *fig* gran masa de nieve que baja de los montes con enorme violencia y ruido – 10 **notable** destacado, señalado, importante – 13 **interrogar** hacer up preguntas para obtener información – 15 **un compromiso** obligación, responsabilidad – 18 **cerciorarse** asegurarse, comprobar – 20 **una gamuza** tejido fino que se utiliza para limpiar superficies sensibles – 21 **manipular** utilizar un aparato o instrumento con las manos – 22 **retener** evitar que up se vaya, mantener en un lugar – 23 **proceder** ser uc razonable, justa, adecuada – 27 **una hoja** cada una de las partes que se abren o cierran en puertas o ventanas (Flügel) – 28 **encajar** meter uc dentro otra, ajustar, unir adecuadamente con el resto

Volvieron a bordear los jardines, a atravesar los patios y las canchas de baloncesto, a deslizarse con cuidado por un agujero abierto en la tela metálica de la valla. Al sentirse de nuevo en la calle, a salvo, se miraron y no pudieron reprimir una sonrisa cómplice. Aceleraron el paso sin darse cuenta y finalmente echaron a correr. No se detuvieron hasta llegar a la orilla del río. Se dejaron caer contra la barandilla de hierro que les separaba del cauce del agua. Notaron un viento fresco, suave e intermitente.

Miraban las aguas remansadas del Manzanares, aguas más bien aprisionadas entre pequeñas represas, aguas que seguramente llevaban siglos esperando unas lluvias torrenciales que provocasen una riada furiosa que saltase hasta los puentes, aguas que en la espera se habían vuelto cenagosas y turbias, solo pobladas por grandes carpas, que los jubilados del barrio solían pescar una y otra vez, pues siempre las devolvían al río.

–Tengo frío –Claudio volvió a temblar.

Adrián tenía la mirada fija en las aguas oscuras y quietas del río.

–El verano pasado estuve en los Alpes, con mis padres. Fuimos con la autocaravana y acampamos junto a la orilla de un río. La corriente era fortísima. Había gente que se bañaba allí. Se metían dos metros y la corriente los arrastraba. Se dejaban llevar como si fueran un tronco a la deriva. Luego,

2 **deslizarse** moverse con precaución o disimulo, de forma escondida, sin llamar la atención – 3 **un agujero** espacio vacío, profundidad generalmente en forma de círculo en uc o un lugar – 4 **a salvo** *loc* libre de peligro – 4 **reprimir** evitar, contener, frenar – 5 **cómplice** que muestra solidaridad o camaradería – 7 **una orilla** costa, borde, ribera – 8 **un cauce** curso, camino, recorrido que sigue un río – 9 **intermitente** discontinuo, irregular – 10 **remansarse** hacerse lenta, quieta o tranquila una corriente de agua u otro líquido – 11 **aprisionar** *fig* poner en prisión, evitar el libre movimiento de algo – 11 **una represa** lugar donde están detenidas las aguas – 13 **torrencial** lluvia muy intensa y en gran cantidad – 13 **provocar** producir, causar – 13 **una riada** crecida de aguas, inundación que supera los bordes – 15 **cenagoso** lugar bajo y húmedo lleno de barro o cieno – 15 **turbio** oscuro, mezclado, poco claro – 15 **una carpa** Karpfen – 22 **una autocaravana** Wohnmobil – 24 **arrastrar** llevar o mover tirando con una fuerza irresistible – 25 **un tronco** pieza de madera cortada – 25 **a la deriva** *loc* sin control, bajo la voluntad de la corriente

unos cien metros río abajo, comenzaban a nadar con todas sus fuerzas hasta alcanzar la orilla. ¡Era una pasada! Me hubiese gustado hacerlo.

–¿Por qué no lo hiciste? –le preguntó Borja.

–Mis padres no me dejaron. Les daba miedo que me ahogase.

–Seguro que a ti también te daba miedo.

–Claro que me daba –reconoció Adrián–, por eso mismo me hubiese gustado hacerlo.

–¿Te gusta hacer cosas que te dan miedo? –preguntó Claudio con la voz entrecortada, pues una tiritona estaba empezando a apoderarse de él.

–Sí –reconoció Adrián–. No sé por qué, pero me gusta. ¿A vosotros no os gusta?

Borja se encogió de hombros, sin saber qué responder.

–No –Claudio lo tenía claro–. A mí no me gusta. Y no entiendo que a vosotros os pueda gustar.

–Ya te he dicho que no puedo explicarlo –se limitó a añadir Adrián.

Hacia el este, la negrura de ese cielo sin luna comenzaba a diluirse, como si un pintor le hubiese pasado una aguada a brochazos, y poco a poco se iba tornando gris e, incluso, comenzaba asomar una especie de aureola, entre pajiza y anaranjada, que ribeteaba el perfil de la ciudad.

–¡Tengo frío! –repitió Claudio, pero esta vez no estaba dispuesto a continuar–. Me voy a casa.

Adrián asintió con la cabeza.

6 **ahogarse** quedar sin respiración por estar bajo el agua – 11 **entrecortado** irregular – 11 **una tiritona** temblor por efecto del frío o del inicio de la fiebre – 12 **apoderarse** *fig* hacerse dueño, dominar, poner bajo su poder – 15 **encogerse up de hombros** *loc* levantar los hombros para mostrar que no se sabe responder ante una situación o mostrar indiferencia – 20 **la negrura** cualidad de negro – 21 **diluir** desaparecer – 21 **una aguada** técnica en pintura de diluir con agua u otros materiales los colores – 22 **un brochazo** cada una de pasadas de la *brocha* sobre la superficie que se pinta (Pinsel) – 22 **tornarse** volverse, cambiar, transformarse – 23 **asomar** dejarse ver, empezar a mostrarse – 23 **aureola** aura, brillo, resplandor – 23 **pajizo** de color amarillo parecido a la *paja* (Stroh) – 24 **ribetear** adornar, decorar; añadir

–Sí, vámonos ya.

Volvieron a caminar y, aunque conocían de sobra el camino a sus casas, daba la sensación de que estaban perdidos, desorientados, como un mendigo que ha bebido demasiado y no puede reconocer el banco donde duerme cada noche a la intemperie. Incluso, en alguna ocasión, retrocedieron sobre sus propios pasos o variaron bruscamente de dirección. En apariencia, su plan había resultado un éxito, pues había salido mejor de lo que ellos podían haber imaginado; sin embargo, había algo que los seguía intranquilizando, algo que ninguno de los tres era capaz de razonar y, por consiguiente, plantear en voz alta. Daba vueltas por sus mentes, aun algo nubladas por esa especie de difuminado producido por el alcohol. Y aunque pretendían alejarlo con otros pensamientos, relegarlo a un segundo plano o enterrarlo en la zona más oscura e impenetrable de su cerebro, no lo conseguían.

Al apartarse de la orilla del río, las casas les protegieron del viento. Claudio lo agradeció. Seguía sintiéndose mal, destemplado, con la sensación de que su estómago se había convertido en un brasero al rojo vivo. Haber vomitado todo lo que llevaba dentro no le había devuelto la normalidad, e incluso, de vez en cuando, le sobrevenían arcadas, que le llenaban la boca de un sabor acre que parecía quemarle la lengua y el paladar.

Finalmente, él fue quien se atrevió a hacer la pregunta clave:

–¿Y si han muerto?

4 **un mendigo** up que vive de pedir a los demás, de la generosidad de otros – 6 **a la intemperie** *loc* al descubierto, sin techo – 7 **variar** cambiar, modificar – 11 **plantear** proponer – 13 **difuminarse** perder claridad, intensidad; desaparecer – 14 **pretender** querer conseguir algo, tener intención – 15 **relegar a un segundo plano** *loc* dejar un asunto para más tarde, considerar uc menos importante que otra (de segundo rango o categoría) – 16 **impenetrable** que no se puede comprender – 19 **destemplado** con malestar físico, algo enfermo – 20 **un brasero** objeto circular de metal en que se echan *brasas* para calentarse (Kohlen) – 20 **al rojo vivo** *loc* tan caliente que toma ese color – 22 **sobrevenir** ocurrir uc de repente, sin esperarla, *p ej* una enfermedad o un pensamiento – 23 **acre** desagradable al gusto, agrio – 24 **un paladar** parte de arriba dentro de la boca (Gaumen)

–¿Qué quieres decir? –a Borja solo se le ocurrió otra pregunta, que no era más que una manera de no afrontar una posibilidad demasiado real.

–Iban despacio –Adrián trató de zanjar el asunto–. Recordad que justo en ese punto la carretera se bifurca: a la derecha hacia la M-30, a la izquierda hacia el puente. No se puede correr.

–Eso es verdad –confirmó de inmediato Borja.

Pero Claudio seguía callado, y su silencio era peor que una batería de preguntas lanzadas sin interrupción.

–¡Ahora no vamos a comernos el tarro con esas suposiciones! –continuó Adrián–. Los que iban en ese coche están tan bien como nosotros, estoy seguro –y se encaró a Claudio–. ¡Y tú, no seas agorero! Lo que tenemos que hacer es pensar en otras cosas.

–¿En qué? –la pregunta de Claudio tenía un leve tono desafiante.

–Pues, mira, te lo voy a decir –Adrián una vez más asumió su indiscutible rol de líder–. Vamos enviar algunos sms. No muchos. Que todo esto empiece a rodar, y lo vamos a hacer desde tu móvil.

–¿Por qué desde el mío?

–¿Y por qué no? Solo tienes que decir que acabas de ver unas imágenes y pasar el enlace. Nadie va a sospechar de ti. Imagínate la escena: estás en tu casa mirando alguna cosa en el ordenador y, de repente, por casualidad encuentras esa grabación. Es normal avisar a los amigos, ¿no?

2 **afrontar** enfrentarse a un peligro, problema o situación difícil – 4 **zanjar** dar por terminado, solucionado – 10 **una batería** *fig* cuerpo militar dedicado al uso de grandes armas de fuego – 11 **comerse el tarro** *loc coloq* pensar obsesivamente sobre ciertos temas o ideas – 11 **una suposición** suponer, dar por cierto – 13 **encararse** ponerse up frente a otra en actitud violenta o agresiva, enfrentarse a ella – 14 **un agorero** up pesimista que anuncia males o desdichas antes de que ocurran – 16 **leve** ligero, débil, mínimo – 17 **desafiante** que provoca – 18 **asumir** aceptar – 24 **un enlace** vínculo, conexión, unión (como "volcar", es una palabra que, sin cambiar su significado, ha pasado a indicar algunas actividades en la red informática, por lo que tiene también ese uso técnico)

–¡Por supuesto! –terció Borja.

–Tenemos que hacer las cosas con lógica, con cabeza, sobre todo a partir de ahora –continuó Adrián–. Todo con mucha cabeza, razonando. –Y él mismo se puso a pensar en voz alta–: Claudio está en su casa de madrugada con el ordenador y, por casualidad, encuentra una grabación flipante colgada en un blog. ¿A quién enviaría un sms en primer lugar?

–A nosotros –respondió Borja.

–Exacto.

Adrián y Borja le ayudaron a redactar el texto del sms, un mensaje corto y contundente, provocador, de los que invitan de inmediato a curiosear. Pero también un mensaje meditado, del que nadie pudiese sospechar:

AKBO D NKONTRAR STO. VAIS A FLIPAR.

Se lo envió en primer lugar a sus dos amigos y después eligieron a otros tres, de esos que sabían que estaban completamente colgados al ordenador y que, de inmediato, producirían el efecto dominó.

Cuando Claudio envió el último sms, volvió a decir la frase que más había repetido durante las últimas horas.

–Tengo frío.

Estaban ya muy cerca de sus casas. Se despidieron y quedaron en volverse a encontrar por la tarde, después de comer. En ese momento, lo que se imponía era la cama, unas cuantas horas durmiendo a pierna suelta para recobrar fuerzas y recuperarse de las emociones vividas. Por la tarde, todo lo verían de otra manera. Sería el momento de empezar a asimilar las cosas y darse cuenta de que pocos habían sido capaces de llegar hasta donde ellos habían llegado.

1 **terciar** participar, mediar en una discusión para poner de acuerdo a las partes o tomar partido por una de ellas – 6 **colgar (o subir)** compartir y grabar datos desde un ordenador a la red de internet – 10 **redactar** hacer una redacción, elaborar un texto – 14 **akabo d nkontrar sto** acabo de encontrar esto; para ahorrar espacio y tiempo se utilizan letras, signos y símbolos para hacer más breves los mensajes – 17 **colgado** *Esp coloq* loco por uc, adicto, que depende de uc – 18 **un efecto dominó** resultado de una acción que produce una serie de consecuencias en cadena (una después de otra) – 25 **dormir a pierna suelta** *loc coloq* dormir muy bien y profundamente, sin preocupación, tranquilo

Domingo, 06:30 horas

Adrián ya había dejado a sus dos amigos en sus respectivos portales. A pesar de la hora, no tenía sueño; ni tampoco la sensación de que el sueño le sobrevendría en cuanto se metiese en la cama. Podía pasarse el resto del día despierto, muy despierto, sin perder un ápice de lucidez. Seguramente las emociones vividas le habían desvelado. Le gustaba sentirse así, y poder rememorar una y otra vez todo lo que había pasado. De vez en cuando, echaba mano al móvil y volvía a visualizar las imágenes grabadas. Recordaba la preocupación de Claudio, que en el fondo compartía, y se fijó en que el coche, a pesar de lo aparatoso de la colisión y de las vueltas de campana no había quedado muy deformado. El habitáculo de los pasajeros no se había machacado. Era un buen coche, grande y sólido. Eso significaba que las personas que iban dentro no habrían sufrido daños importantes: algún rasguño, alguna contusión o, como mucho, algún hueso roto. Nada que no pudiera recomponerse sin problema.

Sus propios razonamientos le tranquilizaron, pero no le devolvieron la calma y, con ella, el sueño. En vez de entrar en su casa decidió regresar a la orilla del río. Su barrio era una lengua que se extendía en paralelo al Manzanares, entre el río y la M-30; un barrio antiguo, del que sus vecinos siempre

3 **un portal** entrada, vestíbulo de un edificio – 6 **un ápice** parte pequeñísima, punta mínima – 6 **la lucidez** pensamiento claro, rapidez intelectual – 7 **desvelar** no dejar dormir, no permitirlo; quitar el sueño – 8 **rememorar** recordar, traer a la memoria – 9 **echar mano de uc** *loc* servirse de ella, utilizarla para un fin – 9 **visualizar** hacer visible, formar una imagen visual – 12 **aparatoso** exagerado, dramático, llamativo – 12 **una vuelta de campana** la que da un automóvil volviendo a quedar sobre sus ruedas – 13 **deformado** desfigurado, que pierde la forma – 13 **un habitáculo** lugar preparado para los ocupantes de un vehículo – 14 **machacar** aplastar, destruir; golpear hasta deformar y hacer más pequeño – 14 **sólido** fuerte, seguro, firme – 16 **un rasguño** pequeña herida o corte – 16 **una contusión** daño producido por un golpe que no causa herida exterior – 17 **un hueso** pieza dura y blanca que forma parte del esqueleto – 22 **una lengua** *fig* cualquier cosa larga y estrecha de forma parecida a la de este órgano (*aquí:* los pisos del barrio)

alababan el indudable sabor popular y la proximidad con el centro histórico de Madrid.

Adrián volvió a apoyarse en la barandilla que flanqueaba las márgenes del río y clavó la mirada en las aguas estancadas. A continuación, levantó la cabeza y descubrió, al fondo, el perfil del palacio real y de la catedral de la Almudena, e incluso la enorme cúpula de San Francisco El Grande. El cielo comenzaba a clarear, por lo que los edificios parecían sombras recortadas que emergían misteriosamente de la noche, sombras que iban descubriendo el perfil más conocido de la ciudad.

Volvió a mirar la hora en su móvil. Pasaban unos minutos de las seis y media. Entonces pensó en Nuria. Le había dicho que iba a estar toda la noche estudiando y, conociendo su fuerza de voluntad, su tesón, estaba seguro de que lo había hecho, es más, estaba seguro de que aún no se habría acostado y seguiría repasando temas, como una posesa. Ella era así, no podía evitarlo. Nunca se sentía plenamente segura y repasaba una y otra vez lo ya estudiado, lo ya aprendido, incluso. Por eso sacaba las mejores notas de su colegio, y todos los profesores la ponían de ejemplo.

Adrián pensó que podía llamarla, sabía que la pillaría aún acodada a su mesa. En ese momento, sintió verdaderos deseos de hablar con ella. Ya llevaban seis meses saliendo y se sentían más enamorados que nunca. Seis meses era mucho tiempo. Nuria no había sido un ligue ocasional, y quizá eso lo comprendió en el mismo momento en que la conoció. Lástima que viviera al otro extremo de la ciudad, muy lejos de su barrio, de su ambiente, de sus amigos... Normalmente, se veían en lo

1 **alabar** admirar, celebrar diciendo cosas muy buenas, favorables – 3 **apoyar** descansar, poner el peso sobre uc – 3 **flanquear** estar a los lados de uc o up – 4 **un margen** extremo de uc, orilla, borde – 4 **clavar** *fig* poner, fijar (festnageln) – 4 **estancar** detener y parar el curso y corriente de un líquido – 14 **el tesón** firmeza, constancia, insistencia – 16 **poseso** up poseída por un espíritu (que tiene poder sobre ella) – 21 **pillar** *coloq* sorprender, descubrir haciendo uc – 22 **acodado** apoyado sobre los codos ("hincar los codos" *loc coloq Esp* estudiar mucho, empollar) – 23 **salir con up** *fam* tener relación de pareja o amorosa – 25 **un ligue** up con quien se ha ligado (flirteado o comenzado una relación amorosa o sexual) – 25 **ocasional** casual, accidental, circunstancial

que ellos mismos denominaban terreno neutral, aunque él había estado alguna vez en su casa y conocía a sus padres, y ella también había estado en alguna ocasión en la de Adrián. Todo muy formal. Y a Adrián le gustaba esa formalidad porque se sentía muy feliz con Nuria, y le costaba trabajo imaginarse la vida sin ella.

Seleccionó la agenda en la pantalla del móvil y luego el nombre de Nuria. Marcó, y esperó su voz con una sonrisa dibujada en el rostro.

Al cabo de unos segundos una voz distinta le indicó que el teléfono que había marcado se hallaba comunicando. Repitió la llamada y la misma voz volvió a recitarle el mismo mensaje.

Adrián se quedó muy extrañado. ¿Comunicando? ¿Cómo podía estar comunicando su teléfono a esas horas? Podía entender que lo hubiese apagado, pero no que estuviese hablando con alguien. Y si estaba hablando, ¿con quién? Entonces pensó que seguramente habría llamado a alguna amiga, a alguna compañera del colegio, que seguro se habría quedado estudiando como ella. Estarían preguntándose por los temas que peor se sabían o sobre las posibilidades de que determinada pregunta cayese en el examen.

Pasó un rato, que a Adrián se le hizo muy largo, y de pronto, un zumbido de su móvil lo sobresaltó. Era el aviso de un mensaje que le aseguraba que el teléfono de Nuria ya estaba libre.

Inconscientemente respiró hondo, como si quisiera exteriorizar una sensación de alivio, y de inmediato volvió a marcar. Una musiquilla muy conocida era la señal de que la llamada había entrado correctamente. Pero la música sonaba y sonaba, y la voz de Nuria no se encargaba de interrumpirla. Adrián sabía que no saltaría el contestador, pues los dos lo habían desactivado juntos unos días antes.

10 **al cabo de** *loc* después de – 11 **comunicar** dar un teléfono la señal de que la línea está ocupada – 12 **recitar** decir algo en voz alta, especialmente versos o poemas – 23 **un zumbido** ruido, sonido – 23 **sobresaltarse** asustarse por uc que ocurre de repente – 26 **hondo** profundo – 27 **un alivio** consuelo, tranquilización (Erleichterung) – 30 **encargarse de uc o up** ocuparse, hacerse cargo

Cansado de esperar, colgó. No entendía nada. No entendía que, un momento antes, el teléfono estuviera comunicando y ahora no lo cogiera. No tenía sentido. Siguió dándole vueltas a su cabeza: tal vez ella tuviese el teléfono en silencio, para evitar que las llamadas la distrajesen. Podía haber hecho una llamada, pero luego no oír las que le entrasen. Sí, parecía lógico, pero la duda era lo que de verdad empezaba a asaltar a Adrián.

Se sentó en un banco de madera que estaba muy cerca de la barandilla. Incluso, apoyó los pies sobre el borde. Dejó el móvil sobre uno de sus muslos y estiró los brazos sobre el respaldo del banco. Por un momento pensó en volver a casa y acostarse, aunque seguía sin tener sueño; pero le daba igual llegar antes o después. Sus padres no estaban. Se habían marchado la tarde anterior a la sierra. Probablemente no regresasen hasta el domingo en la tarde. El verano ya casi estaba encima y querían poner a punto la autocaravana. Él, como era evidente, se había negado a acompañarlos, y tampoco había querido ir con ellos Reyes, su hermana. Acababa de cumplir trece años y empezaba a tomar sus propias decisiones. Quizá por ese motivo, él debería volver a casa, para cerciorarse de que su hermana estaba bien. Estar pendiente de ella era un compromiso que había adquirido con sus padres.

Cambió bruscamente de postura, agarró el móvil y volvió a marcar el número de Nuria.

La misma música, tan conocida, comenzó a sonar. ¿Por qué no lo cogía? ¿Se habría quedado dormida sobre la mesa, estudiando? ¿Se habría ido a la cama y había quitado el sonido al teléfono? Esto último era lo más lógico.

Se levantó del banco dispuesto a regresar a su casa a ejercer de hermano mayor, para que sus padres no pudieran reprocharle que había pasado olímpicamente de Reyes. Pero

4 **darle vueltas a la cabeza** *loc coloq* pensar mucho en una idea – 5 **distraerse** apartar la atención de up de su pensamiento o preocupación, dirigirla a otra parte – 7 **asaltar** ocurrir de repente uc, por sorpresa; *fig* atacar – 11 **un respaldo** apoyo, soporte para la espalda de un asiento (silla, *etc*) – 32 **reprochar** echar la bronca, criticar – 32 **olímpico** orgulloso, soberbio, magnífico

no había caminado ni cincuenta metros cuando repitió la llamada. No podía evitarlo, casi lo hacía sin pensar, como un impulso incontrolable.

Y esa musiquilla que suplantaba los tonos habituales, que él mismo le había pasado hacía tan solo un par de semanas, le sacó de sus casillas. No pudo contener un gesto de rabia. Algo le decía que Nuria no se había acostado; pero ¿por qué no cogía el teléfono?

Aún dio un rodeo antes de llegar a su casa. Quería encontrar una excusa para volver a llamar. Y lo hizo unos metros antes de su portal. Desechó la tecla de rellamada y siguió todos los pasos, como si marcase por primera vez. Encendido. Desbloquear, Agenda, Nuria.

Una vez más, la musiquilla. Pensó que acabaría odiando esa música que solo unos días antes le encandilaba.

Iba a colgar cuando notó que la música cesaba bruscamente. ¡Al fin!

–¡Nuria! –no le dejó tiempo para responder.

–Adrián...

–Imaginé que seguirías estudiando, por eso te he llamado.

–Adrián...

Y bastó que ella repitiese esa palabra, su nombre, para que se diese cuenta de inmediato de que algo había ocurrido. Era la voz de Nuria, pero no la voz normal de Nuria, como tampoco lo era el tono, ni nada.

–¿Estás bien?

–No.

Adrián se dio cuenta de que a ella apenas le salía la voz, casi ahogada por el llanto. Comenzó a alarmarse.

–¿Qué te ocurre, Nuria?

–Es... horrible.

6 **sacar de sus casillas a up** *loc coloq* volverle loco, hacerle perder la paciencia – 6 **la rabia** furia, gran enfado – 9 **un rodeo** camino más largo o desvío del camino derecho – 11 **desechar** no tomar en consideración, rechazar, no prestar atención – 15 **encandilar** fascinar, maravillar – 29 **un llanto** lloro que expresa queja o lamento

Adrián sintió que una enorme tensión se iba apoderando de él, era algo que no podía controlar y que aumentaba a medida que la conversación iba avanzando.

–¿Qué ha pasado, qué ha pasado...?

–Mi madre...

–¿Tu madre? –Adrián no entendía nada. Su novia tendría que ser más explícita, por eso la asedió a preguntas–: ¿Dónde está tu madre? ¿Qué le sucede a tu madre?

–Está... –el llanto casi le impedía hablar–. Está... muy mal. Los médicos no me han sabido decir otra cosa. Muy mal, muy mal, muy mal... Solo me repiten eso una y otra vez.

–Pero ¿dónde está?

–En el hospital.

Un tropel de ideas pasaron por la mente de Adrián. Pensó en muchas enfermedades fulminantes, de esas que aparecen de pronto. Él sabía que la madre de Nuria gozaba de perfecta salud. Se mantenía en forma, se cuidaba, iba al gimnasio tres veces a la semana. Podía parecer cualquier cosa menos una enferma. Entonces, había tenido que ser algo súbito, inesperado.

–¿Un infarto? –preguntó.

–No, un accidente, con el coche... –y el llanto volvió a ahogar las palabras de Nuria.

Adrián quería calmarla, pero no sabía cómo hacerlo. Cualquier palabra le resultaba inútil, ineficaz. Esperó unos momentos y cuando notó que el llanto se serenaba un poco volvió a preguntar.

–¿Y tu padre? –de pronto recordó que ella misma le había contado que sus padres irían a cenar a casa de unos amigos.

–Mi padre está bien, solo tiene unos rasguños en un brazo; pero mi madre...

7 **explícito** directo, claro – 7 **asediar** molestar a up sin descanso, no dejarla escapar – 8 **suceder** ocurrir, pasar – 14 **un tropel** montón desordenado y en movimiento – 14 **la mente** pensamiento, inteligencia – 15 **fulminante** que causa una muerte rápida – 19 **súbito** repentino, de repente – 25 **ineficaz** que no consigue hacer efectivo un intento u objetivo – 26 **serenar** tranquilizar, relajar

Nuria estaba desconsolada, abatida, rota. Había tenido que hacer un gran esfuerzo para contarle a Adrián lo sucedido. Era tan grande el dolor que la embargaba que solo era capaz de llorar y llorar. Pensaba que, en el futuro, su vida se reduciría a eso: un llanto eterno e inconsolable.

Adrián comprendió que no tenía sentido mantener aquella conversación tan difícil. Tenía que tomar una determinación.

–¿En qué hospital estás? –preguntó.

–En el Clínico.

–¿En urgencias?

–Sí.

–Voy para allá.

Cortó la comunicación. No podía seguir escuchando el llanto de Nuria sin poder hacer nada. Pasaría a la acción. Era lo que siempre le había gustado. La acción.

Subió a su casa a la carrera y entró sin tomar precauciones para no despertar a Reyes. Al contrario, deseaba que su hermana se despertase. Se fue derecho al cuarto de baño y se lavó, sobre todo los dientes, pues se sentía la boca pastosa y extraña, como acartonada. Después, se cambió de ropa. Se dirigía al cuarto de su hermana cuando se la encontró en el pasillo, apoyada en el quicio de la puerta de su habitación.

–¿Qué pasa? –le preguntó Reyes, con los ojos semicerrados.

–Me marcho.

–¡Joder! Acabas de llegar y ya te marchas.

–Los padres de Nuria han tenido un accidente. La madre está muy mal.

–¡Hostias!

Adrián miró a su hermana. No iba a reprocharle ahora su vocabulario, como solía hacer a menudo. No entendía por qué

1 **desconsolado** muy triste, sin consuelo para su pena – 1 **abatido** sin ánimo ni fuerza, acabado, deprimido – 3 **embargar** llenar – 19 **pastoso** denso, espeso, compacto, pesado – 20 **acartonado** rígido, inflexible; *aquí:* dormido, con poca vida – 22 **un quicio** espacio donde giran las puertas y ventanas (Angel) – 23 **semi-** medio o casi – 25 **joder** *interj vulg* mierda; expresa enfado, disgusto, sorpresa – 28 **hostia (u hostias)** *interj vulg Esp* indica sorpresa, disgusto o admiración – 30 **a menudo** con frecuencia

una cría de trece años tenía que hablar así, a veces parecía que disfrutaba haciéndolo, que era una forma de provocar, de afirmarse, o algo por el estilo. Él estaba acostumbrado a soltar tacos a diestro y siniestro, sin embargo, cuando se los oía a su hermana, le sentaba fatal.

–Me voy al hospital con ella. No sé a qué hora volveré. Si no he llegado a la hora de comer, come tú sola.

–Sí.

–Y si llegan papá y mamá les explicas lo que ha sucedido.

–Que sí, que no soy gilipollas.

–Pues cuando hablas así, lo pareces.

Y Adrián salió de casa a la misma velocidad con la que había entrado. Prescindió del ascensor y bajó las escaleras como un caballo desbocado. Estaba nervioso, tenso, pero, sobre todo, completamente despierto. Nuria le necesitaba y él iba a estar a su lado, no podía fallarle de ningún modo.

Ya en la calle, le pareció una suerte que la madre estuviera ingresada precisamente en el hospital Clínico, que era el más cercano a su barrio. Se acercó a la farola donde solía atar su motocicleta y le quitó el candado a la cadena. Se colocó el casco y se subió a ella casi al tiempo que la ponía en marcha. Saltó el bordillo de la acera y partió a toda velocidad. En cinco minutos estaría en el hospital Clínico, junto a Nuria, su novia, esa chica que se había convertido en una de las cosas más importantes de su vida, posiblemente la más importante de todas.

Ya había amanecido y la ciudad volvía a ser reconocible. Una ciudad adormilada, entre bostezos, con la resaca de la noche

1 **un crío** niño o chico pequeño – 4 **un taco** *coloq* palabrota, palabra malsonante, fea o vulgar – 4 **a diestro y siniestro** *loc* sin medida, orden ni cuidado, por todos lados – 10 **un gilipollas** *Esp vulg* estúpido, tonto, naíf, simple – 13 **prescindir** dejar de hacer uso de uc, no utilizarla, evitarla – 14 **desbocarse** hacerse un caballo insensible al freno, correr sin control – 14 **tenso** ≠ relajado – 18 **ingresar** entrar en un hospital para recibir tratamiento médico – 18 **precisamente** justo, exactamente – 28 **adormilado** medio dormido – 28 **un bostezo** abrir la boca por aburrimiento o cansancio – 28 **una resaca** malestar que se siente tras beber demasiado alcohol; movimiento de vuelta de las olas después de llegar a la orilla

del sábado y el olor del café recién hecho como antídoto. El tráfico, al contrario que durante el resto de la semana, era muy escaso. Adrián se saltó en rojo el semáforo del Paseo de la Florida y se internó por una cuesta empinada en dirección al parque del Oeste. Llevaba el itinerario en la cabeza. Cruzar el paseo de Rosales, subir por Marqués de Urquijo, girar a la izquierda por Princesa, hasta Moncloa, pasar por el túnel que se abre bajo las casas militares, hacia Isaac Peral, y al final de esa calle, al otro lado de la plaza de Cristo Rey, estaba la entrada del Clínico.

Respiró hondo varias veces mientras atravesaba el parque del Oeste. Le pareció que el aire que entraba en sus pulmones era muy puro, sin contaminación; un aire que venía directamente de la sierra y que limpiaba por dentro, que reconfortaba, que daba fuerzas para acometer cualquier empresa. Un aire que animaba a comenzar un nuevo día, a pesar de las dificultades, que invitaba a la vida. Siguió aspirándolo con fuerza, con todas sus fuerzas, con tanto ímpetu que a punto estuvo de perder el equilibrio sobre la motocicleta.

1 **recién** ahora mismo, hace un momento – 1 **un antídoto** medicina que hace efecto contra un veneno (sustancia química que daña la salud) – 3 **escaso** limitado, incompleto, pobre – 4 **empinado** muy alto, con gran pendiente (steil) – 5 **un itinerario** recorrido, camino – 14 **reconfortar** dar fuerza y energía; animar, actuar como un bálsamo – 15 **acometer** intentar, comenzar, enfrentarse a una tarea – 15 **una empresa** acción importante y difícil para la que se necesita esfuerzo y decisión – 17 **aspirar** respirar introduciendo aire en los pulmones – 18 **el ímpetu** fuerza, energía – 19 **el equilibrio** estabilidad en una determinada posición

Domingo, 08:15 horas

Aunque el aparcamiento del hospital Clínico estaba lleno, encontró un hueco para su moto entre un todoterreno y un árbol. A continuación, a la carrera al principio y a paso ligero después, se dirigió hacia las rampas que conducían a urgencias. Nada más franquear la puerta de entrada le llamó la atención la gran cantidad de gente que había por allí: algunas personas parecían llevar horas a la espera, dormitando sobre pequeñas butacas colocadas en hileras en varias salas; otras caminaban por los pasillos para evitar la inmovilidad y calmar el nerviosismo; incluso se habían formado grupos, que parecían mantener una improvisada y animada conversación. También había enfermos a la espera de ser atendidos, acompañados por familiares con gesto de preocupación. Y, en medio de aquel aparente caos, personal sanitario que iba de un lado para otro: entrando y saliendo por distintas puertas, como si estuviesen recorriendo un laberinto y no encontrasen el hilo de Ariadna que debía devolverlos al exterior.

Adrián buscaba a Nuria. Recorrió una por una las salas de espera, los pasillos y hasta echó un vistazo al interior de los boxes aprovechando que sacaban a una paciente muy anciana en silla de ruedas. Pensó que lo más probable era que hubiesen llevado a su madre a una planta y que estuviesen con ella en la habitación. Pensó buscar un puesto de información, pero

2 **un aparcamiento** *parking*, lugar para dejar un vehículo – 3 **un hueco** espacio vacío – 3 **un todoterreno** coche que puede ir por terrenos difíciles e irregulares – 4 **a la carrera** *loc* muy rápidamente, con máxima velocidad – 4 **ligero** rápido, ágil – 6 **franquear** pasar de un lado a otro o a través de uc – 8 **dormitar** estar medio dormido, dormir superficialmente – 9 **una butaca** sillón, asiento – 9 **una hilera** orden o formación en línea de un grupo de personas o cosas – 10 **la inmovilidad** no moverse, estar inmóvil – 13 **atender** cuidar de up; prestar atención – 17 **un hilo** Faden – 17 **Ariadna** personaje de la mitología griega que ayudó al héroe Teseo a escapar del laberinto dándole un hilo que sirvió de guía para encontrar la salida – 18 **devolver** llevar de vuelta – 21 **un box** en un hospital, lugar cerrado para los enfermos ingresados en urgencias o que necesitan estar solos – 21 **aprovechar** utilizar para el propio bien o *provecho* (Nutzen) – 23 **una planta** piso, nivel

enseguida comprendió que sería más rápido acudir al teléfono. Una simple llamada bastaría para localizarla.

Encender. Desbloquear. Agenda. Nuria.

De nuevo, la musiquilla conocida. Aquella canción empezaba a molestarle. De golpe, había perdido todo el encanto que le había cautivado unos días antes.

Colgó y volvió a marcar.

Rellamada. Rellamada. Rellamada.

¿Dónde se habría metido Nuria?

Finalmente, se dirigió a un mostrador que había junto a la puerta principal. Varias personas estaban esperando ser atendidas. Ese detalle aún le desquició más. Miraba a todas partes, tratando de descubrir la silueta de su novia entre aquel abigarramiento. Y el milagro se produjo. Una de las puertas que daba al pasillo central se abrió y apareció Nuria, acompañada de un médico. Hablaron unos segundos y luego el médico se alejó. Adrián echó a correr, a pesar de que correr en el aquel lugar no garantizaba llegar antes.

Se plantó frente a ella y se quedó mirándola fijamente. Le impresionó su rostro, muy cambiado, sin color, con los ojos enrojecidos y los párpados hinchados, con los labios pálidos y temblorosos, con un gesto de dolor que se había apoderado hasta de su última célula.

–¡Nuria! –solo pudo exclamar.

Ella se arrojó a sus brazos, más bien se refugió en ellos, se acurrucó, se encogió, se empequeñeció. Deseaba que él la abrazase, que la envolviese con todo su cuerpo. Comprobó

1 **acudir** ir; utilizar uc para un fin – 2 **localizar** encontrar el lugar donde se encuentra uc o up – 6 **cautivar** seducir, fascinar – 10 **mostrador** mesa muy larga y alta para atender a los clientes y dar información (Schalter) – 12 **desquiciar** volver loco, hacer perder la paciencia – 14 **un abigarramiento** mezcla de muchas cosas distintas y desordenadas en un lugar – 14 **un milagro** Wunder – 17 **alejar** ≠ acercar – 18 **garantizar** asegurar – 21 **un párpado** piel móvil que protege el ojo (Augenlid) – 21 **hinchar** aumentar el volumen, la dimensión de uc – 21 **pálido** blanco, descolorido – 23 **una célula** Zelle – 25 **refugiarse** buscar refugio, protección – 26 **acurrucarse** encogerse para guardarse del frío o por otros motivos – 26 **encogerse** hacerse más pequeño; sentir miedo

de nuevo que las lágrimas, que ella consideraba una señal de debilidad, volvían a derrotarla. Algunas personas pasaban junto a ellos con indiferencia, más preocupados por lo que les había llevado hasta allí. Otras, por el contrario, hacían comentarios, imaginándose la tragedia de aquellos jóvenes; era una forma de matar el tiempo, la espera, la larga espera, la inquietante espera.

Adrián apretaba a Nuria contra su cuerpo. Notaba que sus lágrimas ya habían mojado el hombro de su camisa. Le acariciaba el pelo suavemente, introduciendo sus dedos entre los cabellos, como si los estuviera desenredando. Nunca antes se había sentido así, y no podía decir que la sensación fuese mala, al contrario. A pesar del dolor de ella, se sentía bien consolándola, ofreciéndole su hombro y su ayuda. Quizá por eso no hablaba y se limitaba a mantener la situación. Finalmente, fue Nuria la que se rehizo un poco y se separó, sin perder del todo el contacto.

–Un accidente con el coche –pudo al fin hablar–, cuando volvían a casa... ¡Es horrible!

–No tienes que pensar en lo peor –Adrián fue consciente de que tendría que hacer algo más que abrazar a su novia, por eso comenzó a decir frases que a él mismo le parecían huecas, como fórmulas establecidas–. Saldrá adelante, ya lo verás.

–Acaban de decirme que está muy mal.

–Podrá superarlo.

–Cuando se lo pregunté al médico, se limitó a mirarme y a negar con la cabeza.

A Nuria le sobrevino de nuevo el llanto, ese llanto incontrolable que actuaba a su antojo. Adrián la cogió por los hombros y la sacó hasta la puerta, al exterior, pues pensaba

1 **una lágrima** líquido que sale de los ojos al sentir una emoción – 2 **derrotar** ganar, vencer – 6 **matar up el tiempo** *loc* ocupar el tiempo en uc para que pase más rápido – 8 **apretar** unir, juntar con fuerza (drücken) – 9 **mojar** echar agua a uc o up – 11 **desenredar** poner orden, deshacer lo enredado o mezclado – 14 **consolar** tranquilizar, dar consuelo, aliviar – 23 **establecido** fijo, así ordenado, considerado normal – 25 **superar** pasar con éxito – 29 **un antojo** deseo intenso de uc que pasa rápido

que el aire que se respiraba en aquellas dependencias era malsano. Tenían que respirar aire limpio, no contaminado por ese olor característico de los hospitales.

–Vamos fuera.

Nuria se dejó llevar. Tenía la sensación de que desde que la policía le había llamado a su casa para comunicarle lo ocurrido ya no tomaba decisiones propias. Solo se dejaba llevar. Los acontecimientos la llevaban a su pesar. La vida, tan caprichosa e injusta, la llevaba también a su pesar. Y ahora Adrián, su novio, también la llevaba a su pesar, pues ella no quería apartarse de la puerta de los boxes, de esa puerta grande, de dos hojas, con cristales opacos y llena de arañazos producidos por el paso constante de camillas; la puerta que los médicos no le dejaban traspasar, la puerta que la separaba de su madre.

Corría un viento fresco en el exterior, frecuente en la zona de Moncloa, un viento que parece llegar directamente de la sierra, transportando olor a pino, a jara, a romero y a cientos de flores silvestres.

–Respira hondo –fue lo único que se le ocurrió decir a él.

–Gracias por acompañarme –le dijo entonces ella.

Y Adrián volvió a sentirse importante. Estaba acompañando a su novia en un duro trance, le estaba dando consuelo y ánimos; y eso le hacía sentirse mayor, más hombre, más maduro. Así solo podía reaccionar un hombre hecho y derecho, y él lo estaba haciendo.

–Siempre me tendrás a tu lado –dijo, como para ratificar sus pensamientos.

–Me siento muy mal.

1 **una dependencia** habitación, espacio – 2 **malsano** malo para la salud, que hace daño – 8 **a pesar (de)** *loc* contra la voluntad de up – 12 **opaco** ≠ transparente – 12 **un arañazo** raya o línea superficial en una superficie lisa – 13 **una camilla** cama estrecha y movible para llevar enfermos y heridos – 14 **traspasar** pasar a través de uc – 17 **la jara** Zistrose – 17 **el romero** Rosmarin – 18 **silvestre** salvaje, que se produce naturalmente, sin cuidado o cultivo – 22 **un trance** momento crítico y decisivo por el que pasa up – 26 **ratificar** confirmar, asegurar

–Debes tratar de tranquilizarte un poco.

–Eso es imposible. Mi madre se está muriendo ahí dentro, y yo no puedo hacer nada por ella.

–Lo están haciendo los médicos, no lo dudes.

–Pero me gustaría estar a su lado, cogerle la mano, hablarla...

Casi sin querer, Adrián movió ligeramente su cabeza y su mirada atravesó el umbral de la puerta de urgencias. Al otro lado descubrió a una figura conocida. Era un hombre que parecía estar buscando a alguien. Instintivamente le hizo una seña levantando uno de sus brazos.

–Tu padre –le dijo a Nuria.

El hombre, al verlos, se encaminó hacia ellos.

–Por suerte a él no le ha ocurrido nada –le informó ella–. Solo unos rasguños y una magulladura en la cadera.

Víctor, el padre de Nuria, llegó a ellos con la cara descompuesta. Su gesto era una combinación terrible de dolor, rabia, desesperación...

–Hola, Adrián –y le estrechó la mano.

–¿Has podido verla? –preguntó de inmediato Nuria, que apenas podía contener la ansiedad.

–Solo un momento. No me han dejado quedarme a su lado.

Víctor comenzó a llorar y Adrián se conmovió entero. Conocía al padre de su novia, pero jamás hubiese imaginado que lo iba a ver así. No sabía qué hacer. La situación le superaba. Podía tratar de consolar a su novia, pero... ¿y al padre de su novia?

–Llamé a Nuria, pues imaginaba que estaría estudiando, despierta, y me enteré de lo que ha pasado –dijo Adrián, un poco aturullado, sobre todo por no permanecer más tiempo callado.

8 **un umbral** entrada – 13 **encaminarse** dirigirse a un lugar – 15 **una magulladura** golpe fuerte, contusión – 15 **una cadera** Hüfte – 17 **descompuesto** cambiado, desequilibrado; enfermo, dañado, roto – 19 **estrechar** apretar con la mano mostrando cariño o afecto – 23 **conmover** sentir emoción por uc o up – 26 **superar** ser superior, estar por encima – 30 **aturullar** *coloq* confundir a up dejándola sin saber qué decir o hacer

–Gracias –Víctor le palmeó la espalda. Luego respiró un par de veces profundamente, como si también hubiese sentido la atracción del aire de la sierra. Y por un momento pareció hasta calmarse un poco.

–Si puedo hacer algo... –se ofreció Adrián.

–Nadie puede hacer nada –le respondió Víctor, esta vez conservando la serenidad–. Ni los médicos pueden hacer algo por ella, salvo mantenerla enchufada a una máquina para que su corazón no deje de latir.

Víctor negó con la cabeza y durante unos segundos quedó como ensimismado. Luego, se volvió a Adrián.

–¿Tienes tabaco? –le preguntó.

–No, no fumo.

–Mejor. Yo llevo diez años sin fumar, pero ahora me fumaría una cajetilla entera.

Luego, paseó nervioso de un lado para otro. Se apartó para dejar pasar una ambulancia, que llegaba con las luces y las sirenas puestas. Observó cómo sacaban a un hombre de mediana edad que parecía inconsciente. Cuando la ambulancia se alejó, Víctor se acercó a Adrián y a Nuria, que se habían entrelazado por la cintura. La expresión de su cara se había endurecido y su mirada parecía de piedra, o de hierro, o tal vez de fuego.

–¡Voy a buscar a esos hijos de puta! –exclamó.

Adrián miró a Nuria, como dándole a entender que no comprendía nada. Víctor se dio cuenta de su gesto, por eso le preguntó:

–¿Te ha contado Nuria cómo ocurrió?

–No.

1 **palmear** dar golpes con la *palma* de la mano en señal de afecto (Handfläche) – 3 **la atracción** despertar interés o simpatía; atraer, acercar – 7 **la serenidad** tranquilidad, calma – 8 **enchufar** realizar una conexión eléctrica – 9 **latir** dar latidos el corazón, palpitar – 11 **ensimismarse** concentrarse en uc o en sí mismo, separarse de lo que está fuera del pensamiento – 15 **una cajetilla** paquete de cigarrillos (Schachtel) – 17 **una ambulancia** coche que transporta al hospital – 21 **entrelazar** unir uc con otra cruzando sus partes – 21 **una cintura** talle (Taille) – 24 **un hijo de puta** *vulg despect insulto* mala persona, despreciable, que no merece respeto

–Alguien provocó el accidente.

–¿Qué quieres decir?

–Regresábamos a casa después de pasar la noche con unos amigos –Víctor comenzó a contar lo sucedido–. Entramos a Madrid por la carretera de Castilla y, poco antes de llegar al puente de los Franceses, alguien tiró una piedra desde una pasarela. Vi cómo caía esa piedra a pocos metros delante de mí, vi cómo se rompía con el golpe. Traté de esquivarla, pero la maniobra me hizo perder el control del coche. Nos golpeamos contra el protector lateral y salimos rebotados hacia la mediana. Allí dimos dos vueltas de campana.

Víctor no pudo seguir hablando.

Adrián sintió un alivio enorme cuando el padre de su novia interrumpió el relato. Un malestar muy extraño se estaba apoderando de él, se expandía por todo su organismo. Era una llama que lo iba quemando poco a poco, convirtiéndolo en escoria, o era un gas inmovilizador, o era un proceso de congelación acelerado. Seguía abrazado a Nuria y su cuerpo le sirvió de sujeción, pues hasta sus piernas le habían comenzado a flaquear. Lo que no pudo disimular fue un sudor que comenzó a cubrirle el rostro, consecuencia de una extraña sensación que no era ni de calor ni de frío.

El padre de Nuria volvió a acercarse. Su alteración había crecido y, a duras penas, conseguía controlarse, pues daba la sensación de que de un momento a otro comenzaría a gritar, o a saltar, o a correr, o todas esas cosas a la vez.

–¡Voy a buscar a esos hijos de puta! –repitió–. Y los encontraré, aunque sea lo último que haga en esta vida. La policía cree que han sido varios. Tal vez dos, o tres, o cuatro... Me da igual. Los voy a encontrar a todos.

10 **rebotar** cambiar de dirección uc en movimiento por haber chocado, golpeado con un obstáculo – 15 **expandir** extender – 16 **una llama (o** *ant* **flama)** fuego, gas que se levanta y apaga pronto – 17 **una escoria** resto de metal tras ser trabajado por el fuego – 18 **congelar** convertir en hielo por acción del frío – 19 **una sujeción** sujetar, fijar – 20 **flaquear** debilitar, perder fuerza – 20 **el sudor** líquido que produce el cuerpo (*p ej* al practicar un deporte) – 23 **la alteración** cambio, transformación – 24 **a duras penas** *loc* con gran dificultad o esfuerzo, trabajo

Adrián tenía la sensación de que no podría aguantar la tensión mucho más tiempo. Pensaba que su rostro se había vuelto de cristal y que a través de él podía verse todo lo que se encontraba en el interior de su cabeza, incluso podrían leerse desde fuera sus pensamientos. Y sus pensamientos iban a delatarlo. Sus terribles pensamientos iban a delatarlo. Y si ese hombre se enteraba de que era uno de los que había tirado la piedra, lo mataría allí mismo con sus propias manos. Pero la muerte tal vez no fuese lo peor que pudiese sucederle, lo peor sería que Nuria descubriese la verdad.

Por suerte, llegó apresuradamente una mujer, casi corriendo, que precedía a un hombre que parecía no hacer intención de darle alcance. Eran la hermana de Víctor y su marido. En cuanto se habían enterado de la noticia, habían salido corriendo hacia el hospital. La mujer se fundió con Nuria en un abrazo. A continuación, al abrazo se sumó Víctor y, por último, el marido de la hermana, que también había llegado al grupo.

Adrián se quedó fuera. A un lado. Nadie se fijó en él y esa fue su salvación.

Oía las preguntas de la hermana de Víctor. Muchas preguntas. Las mismas preguntas que se repetirían durante años.

Oía el llanto. Varios llantos que se confundían.

Oía lamentos.

Oías maldiciones.

Él también sentía dolor, mucho dolor. Pero… ¿qué dolor? ¿De dónde procedía su dolor? ¿Hasta qué abismos ocultos descendían las terminaciones nerviosas de su dolor?

El grupo entró en el servicio de urgencias, y Adrián agradeció que se olvidasen de él, que nadie reparase en el novio de Nuria, que había acudido solícito en cuanto se había enterado de la

6 **delatar** decir o expresar uc que se quiere esconder – 11 **apresurado** rápido, que se da prisa – 12 **preceder** ir por delante – 14 **enterarse** saber de uc, darse cuenta, descubrir – 15 **fundir** unir completamente – 19 **la salvación** liberación de un peligro o daño – 26 **un abismo** profundidad grande, peligrosa, incomprensible – 27 **descender** bajar – 27 **una terminación nerviosa** está en la piel y recibe información que va al cerebro – 29 **reparar** darse cuenta, advertir, notar – 30 **solícito** atento, cuidadoso, cariñoso

tragedia. Agradeció incluso que ella no le reclamase con unas palabras, o con un gesto, o con una simple mirada.

Al verse solo, al sentirse solo, no reaccionó de inmediato. Le costó trabajo asumir la realidad, porque la realidad no era una piedra que había sido arrojada a una carretera, sino una montaña entera que se desplomaba sobre él, que lo aplastaba sin compasión. Tuvo entonces la certeza de que no iba a sobrevivir a semejante aplastamiento. Le faltaba el aire para respirar y hasta el espacio donde existir.

Se alejó unos metros de la puerta de entrada e incluso bajó por la rampa de acceso para vehículos. Las ambulancias no dejaban de llegar. El ruido de las sirenas se le clavaba en la mente. Tenía la sensación de que ese sonido era una especie de rayo que atravesaba su cabeza. Eso no le dejaba pensar, no le dejaba razonar, no le dejaba tomar decisiones. Él era un líder, sus amigos lo sabían y lo asumían. Pero un líder tiene que pensar, razonar y tomar decisiones. Ese es su cometido…

Se echó mano al bolsillo y sacó su teléfono móvil. Lo miró. Después, volvió la vista hacia la puerta. Se encontraba lo suficientemente lejos. Seguía sin poder pensar con claridad, pero algo le decía que tenía que actuar con rapidez, y que algunas cosas no permitían demora.

Buscó en el móvil el archivo con la grabación del accidente. Por un momento, estuvo tentado de volver a abrirla y visionarla otra vez. Pero no lo hizo. Se fue directamente a la tecla de opciones y allí eligió una de ellas.

Borrar.

Y una vez borrado el archivo se cercioró de que, en efecto, había sido borrado y había desaparecido por completo de la memoria y de la tarjeta de su teléfono.

1 **reclamar** pedir, llamar con insistencia – 6 **desplomarse** caer uc – 6 **aplastar** destruir, comprimir, pisar – 7 **la certeza** seguridad, conocimiento seguro y evidente de que algo es cierto – 17 **un cometido** misión, tarea, obligación – 22 **una demora** retraso, hacer tarde – 24 **tentado** con la tentación, el deseo de hacer uc, sentir atracción por uc – 27 **borrar** hacer desaparecer

Domingo, 15:00 horas

Aunque pasó gran parte de la mañana solo, pues Nuria y su padre tuvieron que atender a nuevos familiares y amigos que fueron llegando, Adrián no se movió del hospital, casi siempre fuera, junto a la puerta de urgencias. Solo en alguna ocasión atravesó el umbral, pero el espacio cerrado se le hacía irrespirable y tenía que volver a salir a la calle. Le corroía un desasosiego incontrolable. Estaba seguro de que su rostro tenía que reflejar ese malestar y que todo el mundo se daba cuenta. Así se mantuvo durante todas las horas de la mañana, en segundo plano, pero en cierto modo al pie del cañón. Algo le decía que marcharse era una manera de huir, y que huir era lo menos recomendable en su situación. Lo mejor era aguantar el tipo, aunque en muchos momentos solo pareciese un pasmarote. Así no levantaría ninguna sospecha, sino todo lo contrario.

Se había marchado alrededor de las dos y media, cuando algunos familiares casi obligaron a Nuria a ir con ellos a la cafetería para comer algo.

–¿Vienes a comer? –le preguntó ella.

–No... –titubeó él–. Mi hermana está sola en casa.

Nuria se acercó a Adrián y le acarició con suavidad la cara.

–Gracias.

Él no pudo pronunciar ni una sola palabra, ni siquiera fue capaz de esbozar una sonrisa.

Eran las tres en punto cuando llegó a su casa. Su hermana estaba a punto de servirse la comida, que los padres les habían dejado preparada el día anterior.

7 **corroer** sentimiento de angustia, pena o malestar que desgasta (nagen) – 8 **el desasosiego** falta de tranquilidad – 11 **(estar) up al pie del cañón** *loc coloq* no desatender ni por un momento un deber, ocupación, *etc*; dedicarse completamente a ello – 12 **huir** escapar, irse rápidamente para evitar un peligro – 14 **aguantar up el tipo** *loc coloq* actuar de forma valiente y con decisión ante un peligro o dificultad – 15 **un pasmarote** *Esp coloq* up que se queda inmóvil y atontada (medio tonta) – 25 **esbozar** comenzar a formar un gesto, indicarlo apenas

–Llegas a tiempo –le dijo a modo de saludo, y colocó otro plato sobre la mesa de la cocina.

–No tengo hambre.

–Yo tampoco.

Luego, colocó los cubiertos y dos vasos; cortó dos rebanadas de pan y sacó una botella de agua del frigorífico. La comida se estaba calentando en el microondas. En el pequeño televisor, que estaba colgado en una de las paredes, comenzó el telediario. Estaban poniendo un avance de las noticias. Lo que pasaba en el mundo. Lo que pasaba en el país. Cultura. Deportes. Y por último, como de costumbre, hablaron de los accidentes de tráfico del fin de semana y, en concreto, se refirieron a uno en las inmediaciones de Madrid.

Cuando Adrián oyó mencionar aquel accidente, de inmediato volvió la cabeza hacia el televisor. Solo se trataba de un avance, lo que los presentadores llamaban titulares, por eso no obtuvo mucha información. Sin embargo, algo en su interior le decía que ese accidente solo podía ser el que unas horas antes ellos mismos habían provocado, el que habían grabado con su teléfono móvil, el que ya habían difundido por la red, teniendo mucho cuidado de preservar su anonimato. Entonces recordó que ese accidente era también el que tenía a la madre de Nuria al borde de la muerte.

–¿Cómo está? –le preguntó Reyes de sopetón.

–¿Qué...?

–Qué va a ser: la madre de tu novia.

–¡Ah! Mal, muy mal. Los médicos dicen que se morirá.

–¡Joder!

–¿Quieres hablar bien?

–Yo hablo perfectamente. Saco sobresaliente en Lenguaje, y eso algo significará; además, soy la más lectora de mi curso.

–Pues lo disimulas muy bien.

5 **una rebanada** pieza, porción (especialmente de pan) – 7 **un (horno de) microondas** Mikrowellenherd – 8 **colgar** hängen – 9 **un avance** adelanto, anterior, previo – 13 **la inmediación** *pl* proximidad alrededor de un lugar – 21 **preservar** proteger, guardar, reservar – 24 **de sopetón** *loc* de repente, sin esperarlo

–Yo hablo sin remilgos, que es distinto –continuó Reyes, como si tal cosa–. ¿Sabes lo que significa «remilgos»?

–Sí.

–No conozco a nadie de mi edad que utilice la palabra «remilgos» –sacó la fuente del microondas–. Me gusta utilizar palabras que no usan los demás, pero también me gusta decir «joder», «hostias», «me cago en la puta»...

–Eres una sabihonda.

–¡No soy una sabihonda!

–Pues entonces estás como una cabra, perdón, como una puta cabra.

–¡Vete a la mierda!

En la fuente había un guiso de carne con patatas. Reyes se sirvió con un cazo. Al terminar, se lo pasó a su hermano, que se sirvió también, de manera mecánica. Ambos empezaron a comer.

–Entonces... –Reyes comenzó a hablar con la boca llena–. La madre de tu novia... ¿se va a morir?

Adrián se limitó a asentir con un movimiento de su cabeza. Reyes, una vez tragado el bocado, resopló y negó varias veces.

–¿Vas a volver al hospital esta tarde?

–No. Hay muchos familiares y amigos...

–Claro, aunque tú seas el novio de Nuria no eres de la familia, y en estos casos siempre es la familia la que...

Nuria dejó de hablar al darse cuenta de que su hermano no le estaba prestando atención.

Ya estaban tomando el postre cuando, en el telediario, le llegó el turno a esa noticia que habían apuntado en los titulares. En

1 **un remilgo** afectación, delicadeza o escrúpulo excesivo – 5 **una fuente** Schüssel – 7 **cagar(se)** *vulg* expulsar up o un animal excrementos; habitual en insultos e interjecciones, con múltiple combinación – 8 **sabihondo** *coloq* que se cree que sabe más que los demás, sabelotodo, listillo – 10 **estar como una cabra** *loc coloq* estar loco, ser alocado – 11 **puta** *vulg despect* para acentuar, subrayar uc – 13 **un guiso** comida *guisada*, cocida lentamente (schmoren) – 14 **un cazo** *Esp* recipiente de cocina para calentar comida – 20 **tragar** comer sin apenas utilizar los dientes, con gran deseo – 20 **un bocado** cantidad de comida que puede haber en la boca y comerse de una vez – 20 **resoplar** respirar con fuerza y dificultad

cuanto Adrián se dio cuenta de lo que iban a informar clavó su mirada en la pantalla del televisor. La locutora, monocorde y algo más seria, leyó una noticia que hablaba de un accidente de coche, de madrugada, en las afueras de Madrid. Lo singular de este accidente era que, según todos los indicios que manejaba la policía, había sido provocado por alguien que deliberadamente habría arrojado a la calzada una gran piedra desde una pasarela. Como consecuencia del mismo, una mujer se encontraba en estado crítico.

–¿Es ella? –preguntó Reyes de inmediato.

–Sí –respondió escuetamente Adrián, que seguía mirando el televisor, como si una fuerza irresistible lo atrapase.

La locutora continuó explicando que la policía barajaba la hipótesis de que varios jóvenes hubiesen provocado el accidente para grabarlo con un móvil y difundirlo luego en internet. De hecho, ya se habían encontrado las imágenes en un blog recién creado.

Y entonces en la pantalla aparecieron algunas imágenes, las mismas que Adrián había grabado con su móvil, horas antes. No pudo evitarlo y dio un respingo sobre la silla. Por un momento, creyó que iba a aparecer toda la grabación. Sintió un alivio cuando esta se cortó a los pocos segundos, antes de que se produjese el accidente.

–¿Qué te ocurre? –Reyes observaba detenidamente a su hermano.

–Nada.

–Estás sudando.

–Tengo calor. Déjame en paz.

Reyes dejó de hablar, pero no de mirar a su hermano. Y su mirada era como una taladradora, perforando sin piedad en

2 **monocorde** monótono, sin variaciones – 4 **una afuera** *pl* alrededores de una ciudad o pueblo – 7 **deliberado** con intención, intencionado – 11 **escueto** breve, conciso – 12 **atrapar** *coloq* coger (*Esp*), alcanzar uc que se va rápido – 13 **barajar** considerar una posibilidad – 20 **un respingo** moviento brusco del cuerpo, salto, agitación violenta por una emoción intensa (sorpresa, *etc*) – 24 **detenidamente** con mucha atención y cuidado – 30 **una taladradora** Bohrmaschine – 30 **la piedad** sentimiento de amor, respeto y compasión hacia los demás

busca del sentido de todas las cosas. Todo tenía un porqué, una lógica, y ella siempre quería descubrirlo. Decía que lo necesitaba para vivir.

–Ha sido en la carretera de Castilla –Reyes comenzó a reflexionar en voz alta al cabo de un rato, mientras el informativo hablaba de fútbol–, cerca de aquí. Seguro que quienes lo hicieron llevarían un buen pedo encima.

–Seguro –asintió mecánicamente Adrián.

–Como tú –añadió Reyes, que intensificaba la potencia de su taladradora.

–¿Qué dices?

–Que tú llevabas un buen pedo anoche.

–No digas tonterías.

–Y tus amigos también lo llevaban.

–Deja de inventarte cosas.

–Os vi.

–¿Qué dices?

–Os vi cerca del Puente de los Franceses.

De pronto, Adrián se sintió acorralado por su hermana pequeña. Conociéndola, sabía que no cesaría de preguntar y preguntar. Pero encontró un resquicio para escapar de su asedio y pasar de inmediato al ataque.

–¿Saliste anoche?

–Sí... –Reyes comprendió que al acosar a su hermano se había descubierto ella misma, pues una cosa llevaba inexorablemente a la otra, por eso tomó una actitud algo más defensiva–. Pero no bebí, ni fumé, ni tomé nada raro. Salí un rato con mis amigas, pero no soy una descerebrada.

–Y si se lo cuento a papá y mamá... –el tono de Adrián encerraba una clara amenaza.

–No lo harás –Reyes se rehizo y volvió a mostrarse altiva y segura.

9 **intensificar** acentuar, aumentar la intensidad – 19 **acorralado** rodeado, sin salida, en peligro – 21 **un resquicio** posibilidad u ocasión para que ocurra algo – 24 **acosar** perseguir, molestar a up – 26 **inexorable** uc que no puede evitarse – 28 **descerebrado** *coloq* de poco sentido común, poca inteligencia – 31 **altivo** arrogante, soberbio, orgulloso

–¿Por qué no lo haré?

–Además, si se lo dices, me da igual.

–No te dará igual.

–Me importa un huevo.

–No me asustan tus palabrotas.

–No las digo para asustar, además no son palabrotas, todas vienen en el diccionario.

–¡A los trece años nadie habla como tú!

–Eso es verdad. A los trece años todos hablan peor que yo.

Lo que menos le apetecía a Adrián era mantener una discusión con su hermana, que seguro iba a ser muy parecida a otras anteriores. De todas formas, se sintió más seguro al tener una baza importante a su favor: haber descubierto su pequeño secreto.

Se levantó dispuesto a marcharse a su habitación, pero un bufido de Reyes lo detuvo y le recordó que le tocaba recoger la mesa. Sin volver a cruzar una palabra con ella, lo hizo de mala gana, casi tirando los platos y los vasos al interior del lavavajillas y quitando las migas del mantel sin ningún miramiento. A continuación, decidido, se marchó a su cuarto y cerró la puerta.

Tenía que hablar urgentemente con Borja y Claudio. Pensó llamarles por teléfono, pero enseguida tuvo una idea mejor: el messenger. De esta forma, podían abrir una conversación a tres y sería más fácil entenderse. A esas horas ya se habrían levantado, habrían comido y casi seguro que estaban conectados.

Encendió su ordenador y de inmediato abrió programa de mensajería instantánea. Su intuición no le había traicionado.

10 **apetecer** tener ganas, desear – 13 **una baza** *fig* cartas en el juego; buena posibilidad, suerte – 16 **un bufido** *coloq* bufar, manifestar enfado extremo (como un toro o un animal que echa aire por la boca) – 19 **un lavavajillas** máquina para limpiar platos y cubiertos (Geschirrspülmaschine) – 19 **una miga** porción pequeña de pan – 20 **un miramiento** respeto, atención y consideración hacia up al hacer algo – 29 **traicionar** → traidor; no corresponder up a la confianza que se le tiene

Como si los estuviera convocando a un acto de suma importancia, inició una conversación a tres bandas con sus dos amigos.

Adrián dice: Hola.

Borja dice: ¿Has visto la tele, las noticias...?

Adrián dice: Sí.

Claudio dice: Tenemos que entregarnos a la policía.

Adrián dice: No digas gilipolleces, Claudio.

Claudio dice: Pero hemos sido nosotros...

Borja dice: Entonces... ¿qué hacemos?

Adrián dice: No lo sé. Pero yo no voy a dejar que me enchironen por esto. No voy a dejar que me jodan la vida. Y vosotros... ¿pensáis lo mismo que yo?

Borja dice: Yo estoy de acuerdo contigo.

Adrián dice: Y tú, Claudio, ¿estás de acuerdo?

Claudio dice: Aun no hemos cumplido los dieciocho, no iríamos a la cárcel...

Adrián dice: ¿Crees que un centro de reclusión de menores no es una cárcel? Habría un juicio y nuestras caras y nuestros nombres saldrían en la tele y en los periódicos, aunque entrásemos en la sala con la cabeza tapada, entre los insultos de la gente. ¿Crees que eso no nos iba a joder la vida para siempre?

Claudio dice: Pero...

Adrián dice: ¿Estás de acuerdo o no?

Claudio dice: Vale, estoy de acuerdo. Yo tampoco quiero que me jodan la vida.

Borja dice: Entonces, ¿qué vamos a hacer?

1 **convocar** llamar, citar a up o varias para que vayan a un lugar determinado y reunirse – 1 **sumo** máximo, absoluto – 2 **a dos bandas (o más)** *loc* reunión, proyecto en la que participan dos o más partes o elementos – 7 **entregarse** ponerse en manos de up; reconocerse ganado, vencido – 8 **una gilipollez** *Esp vulg* acción propia de un gilipollas; idiotez, tontería, estupidez – 12 **enchironar** *coloq* meter a up en la cárcel, encarcelar – 12 **joder** *vulg coloq* molestar, fastidiar – 18 **la reclusión** prisión, encierro – 19 **un juicio** proceso en el que se reparte justicia – 21 **tapar** cerrar, cubrir

Adrián dice: Es importante que nos pongamos de acuerdo, que lo pensemos bien, que todo lo que hagamos lo hayamos planificado antes. Que ninguno actúe o tome decisiones por su cuenta.

Borja dice: Sí, a mí eso me parece muy importante.

Claudio dice: Yo... estoy asustado.

Adrián dice: Yo también estoy asustado.

Borja dice: Y yo.

Adrián dice: Por eso es importante que hagamos las cosas con cabeza. Tenemos que quedar para decidir lo que vamos a hacer y cómo lo vamos a hacer.

Borja dice: De acuerdo.

Claudio dice: ¿Cuándo quedamos?

Adrián dice: Esta tarde. A las siete.

Borja dice: ¿Dónde?

Adrián dice: Junto al río, donde otras veces.

Borja dice: De acuerdo.

Claudio dice: De acuerdo.

Adrián dice: Y ni una sola palabra con nadie. ¿Entendido?

Borja dice: Sí.

Claudio dice: Sí.

En otras ocasiones, Adrián, se hubiese quedado un rato mirando el ordenador, chateando con alguien más, escribiendo algún comentario en facebook, curioseando por los blogs de algunos amigos... Pero su preocupación estaba muy lejos de aquel ordenador y de todas las posibilidades de comunicación que le ofrecía internet. La vida real tiraba de él con demasiada fuerza. Su mente estaba completamente poseída por asuntos más urgentes y mucho más terrenales, donde el ciberespacio podía resolver poco. Aunque procuraba evitarlo, su cabeza volvía una y otra vez al servicio de urgencias

3 **planificar** elaborar un plan – 4 **por cuenta propia** *loc* con independencia, sin contar con nadie – 23 **chatear** mantener una conversación mediante chats informáticos – 29 **terrenal** relativo a la tierra – 30 **ciberespacio** espacio de comunicaciones creado por redes informáticas (alternativo a la realidad, lo natural) – 30 **procurar** intentar, tratar de

del hospital Clínico. Se sorprendió a sí mismo deseando que ocurriese un milagro, que la madre de Nuria *resucitase*, como ocurre en los videojuegos, donde los personajes mueren, pero siempre resucitan para reiniciar la partida. ¿Por qué la vida no se parecía a esos videojuegos? ¿Por qué no bastaba con volver a pulsar las techas correspondientes para reiniciar y, de paso, corregir los errores cometidos? De este modo todo sería más fácil. De este modo todo tendría más que ver con su mundo y con el mundo de sus amigos, y con el mundo de los amigos de sus amigos... ¿Por qué ese mundo, en el que se movían como peces en el agua, era tan diferente de la realidad? Con la realidad se sentía desarmado y confuso. La realidad era una losa demasiado pesada que lo único que hacía era aplastarte sin piedad. ¿Para qué más podía servir la realidad?

Telefoneó a Nuria y, en esta ocasión, ella lo cogió a la primera.

–¿Cómo sigue todo?

–Igual.

–¡Mierda de realidad! –musitó entre dientes, sin que ella lo oyera.

–¿Os han dicho algo más los médicos?

–Lo mismo.

–¿Necesitas alguna cosa?

–No.

–Puedo acercarme un rato y...

–No, déjalo. Hay mucha gente. Está toda mi familia aquí. Y lo malo es que no podemos hacer nada. Solo esperar. La

2 **resucitar** volver a la vida después de muerto – 6 **pulsar** tocar, hacer fuerza, presionar con el dedo sobre uc para ponerla en funcionamiento – 7 **cometer** caer en un error o fallo – 8 **tener que ver** *loc* tener relación o parecido uc o up con otra – 11 **estar up como pez en el agua** *loc coloq* disfrutar de comodidades y ventajas, sentirse cómodo y seguro en un ambiente o tema – 12 **desarmado** sin argumentos, sin capacidad de defensa, indefenso – 13 **una losa** *fig* piedra lisa y plana muy pesada; *aquí:* duro o difícil de llevar – 19 **musitar** hablar bajo, susurrar, murmurar – 19 **(decir uc) entre dientes** *loc coloq* hablar de modo que no se entienda lo que se dice, murmurar

han trasladado a la UCI y no nos dejan pasar a verla. Solo ha entrado mi padre, cinco minutos. Pero, gracias, de verdad.

–Solo tienes que llamarme si...

–Lo sé.

–No lo olvides.

–No olvidaré nunca lo que estás haciendo por mí.

–Te llamaré esta noche.

–Seguramente nos iremos a casa. Yo no quiero moverme de aquí; pero todos me dicen que no puedo hacer nada, ni siquiera estar a su lado, ni siquiera verla... –la voz de Nuria se quebró por el llanto–. ¡Es todo tan horrible!

–Sí, todo es horrible...

Después de pronunciar estas palabras, Adrián se preguntó a qué se estaba refiriendo: ¿a la madre de su novia, agonizante, esperando la muerte?, ¿a Nuria, desconsolada y rota?, ¿o a él mismo, atrapado en aquella situación?

–Cálmate –dijo, por no permanecer en silencio.

–No puedo.

–Ya.

–Pero gracias, Adrián.

–No me des las gracias. Solo me gustaría poder ayudarte, poder hacer algo más por ti.

–Te quiero.

–Yo también.

1 **trasladar** llevar a up o uc de un lugar a otro – 1 **la U.C.I.** Unidad de Cuidados Intensivos; área de un hospital dedicada a la medicina intensiva, que atiende a los enfermos con alguna condición grave de salud que pone en riesgo su vida – 11 **quebrar** romper; disminuir la intensidad y fuerza de algo – 14 **agonizar** estar un enfermo entre la vida y la muerte – 16 **atrapado** *coloq* que no puede salir de un lugar

Domingo, 18:30 horas

A las seis, una hora antes de su cita, Adrián ya se encontraba en el lugar que habían fijado para el encuentro, junto a la barandilla que le separaba del cauce del río, el pequeño río de Madrid, que parecía artificial, de juguete, completamente canalizado, lleno de pequeñas represas, con pasarelas para peatones y con pequeños balcones para pescadores de pacotilla. Sus aguas ni siquiera llegaban a mansas, pues en realidad estaban estancadas. Al menos, ahora no olía mal, como sucedía cuando solo era una cloaca de la ciudad, como contaban los mayores del barrio.

Se acodó sobre la barandilla y se quedó mirando fijamente al agua, los múltiples reflejos que allí se confundían y que la luz del sol, que comenzaba a declinar, le daba sorprendentes tonalidades. Allí se reflejaban los edificios de la ribera, la orilla opuesta con sus árboles alineados, el puente y hasta los vehículos que pasaban por él. Y Adrián, una vez más, volvió a preguntarse por la realidad, por la auténtica realidad. ¿Por qué no podía ser la que flotaba sobre las aguas remansadas del río? ¿Por qué había tantas cosas que parecían realidad y no lo eran? Por el contrario, la realidad desposeída de adjetivos, la realidad desnuda, parecía volverse algo incuestionable y, casi siempre impuesto.

Borja y Claudio también llegaron pronto. A las seis y media los tres ya estaban juntos. Se saludaron de manera escueta, con un «hola» que apenas les llegó al cuello de su camisa. Les costaba trabajo hasta mirarse y si en algún instante, por azar, sus miradas se encontraban, sentían como un escozor incómodo que les obligaba a bajar la cabeza.

5 **artificial** ≠ natural – 8 **(ser) de pacotilla** *loc* de poca importancia o de mala calidad – 8 **manso** tranquilo – 10 **una cloaca** lugar sucio, asqueroso; conducto para las aguas sucias y los residuos de las poblaciones – 14 **declinar** aproximarse uc a su fin – 26 **hablar para el cuello de la camisa** *expresión* hablar muy bajo, de manera poco comprensible – 28 **el azar** la casualidad – 28 **un escozor** sensación dolorosa, como la que produce el quemarse

A continuación, casi por inercia, comenzaron a caminar, despacio, con la sensación de que no iban a ninguna parte y la certeza de que ni siquiera el paseo tenía sentido. Se trataba de estar juntos, unidos, de darse fuerzas mutuamente, de tratar de encontrar justificaciones o, si eso no era posible, buscar una estrategia común.

–Se nos ha ido de las manos –dijo de pronto Claudio, que parecía el más apesadumbrado de los tres.

–¿Por qué dices eso? –le preguntó de inmediato Adrián.

–No hay más que ver la situación. La policía no ha tardado en encontrar el vídeo.

–Cualquiera podía encontrar esa grabación, no lo olvides.

–Pero la policía va a seguir investigando y...

–No podrá averiguar que hemos sido nosotros.

–Yo no estoy seguro.

–¡Pues yo sí! No hay nada en esa grabación que pueda descubrirnos. Tomamos muchas precauciones. La policía solo nos descubrirá si nos derrumbamos, si hablamos más de la cuenta, si metemos la pata...

Borja, que había permanecido callado, expuso también sus preocupaciones.

–El problema es que la policía descubra que las imágenes se difundieron desde un ordenador del instituto. Y eso puede hacerlo.

–Hay más de mil alumnos en el instituto –replicó Adrián de inmediato.

–Sí, pero por ahí podían empezar a estrechar el cerco.

–Por eso es fundamental actuar con cabeza, pensando antes lo que debemos hacer.

1 **la inercia** tendencia natural – 4 **mutuo** recíproco, respectivo, correspondiente – 7 **irse uc de las manos** *expresión* perder el control sobre uc – 8 **apesadumbrado** con tristeza, pena, pesar – 13 **investigar** estudiar un tema o problema para descubrir uc o conseguir más informaciones – 14 **averiguar** descubrir – 17 **la precaución** cuidado – 18 **derrumbarse** *fig* caer el ánimo de up – 19 **más de la cuenta** *loc* más de lo necesario, debido o conveniente – 20 **exponer** presentar, explicar – 27 **un cerco** *fig* uc que rodea o cierra; asedio (Belagerung)

–¿Y si volvemos al instituto y destruimos el disco duro del ordenador? –preguntó de pronto Claudio.

Los tres se miraron un instante, quizá recapacitando sobre aquella inesperada propuesta.

–Puede que ya lo sepan –replicó Borja.

–O puede que no –añadió Adrián.

–¿Qué quieres decir?

–No nos costaría mucho trabajo hacerlo. Ya sabemos cómo entrar. No tardaríamos nada, y siempre sería mejor que la policía no empezase a preguntar en el instituto.

Se produjo un nuevo silencio, largo y tenso. Ninguno sabía cómo romperlo, a pesar de que a los tres les resultaba muy incómodo. Seguían caminando, pero, de pronto, sus pasos comenzaron a tener un rumbo, una dirección concreta y de sobra conocida: el instituto.

El instituto estaba algo retirado de sus casas, aunque dentro del barrio, por lo que ni siquiera era preciso coger el transporte público para llegar a él. Entre el edificio, las canchas para deportes y las zonas ajardinadas, el centro ocupaba prácticamente una manzana entera.

Ninguno había manifestado la decisión de volver a entrar para destruir el disco duro del ordenador, pero sus piernas parecían haberse vuelto independientes de sus cerebros y les guiaban hacia allí. No tardaron en divisarlo. Visto desde lejos, la tarde de un domingo, la sensación que producía era muy rara: una calma extraña, una especie de aletargamiento, un silencio inusual... A ello contribuía la paralización del barrio los días festivos, sobre todo por la tarde, cuando todo el mundo se recluía en su casa a la espera del inevitable lunes. El conjunto

1 **un disco duro** Festplatte – 3 **recapacitar** volver a considerar uc, reflexionar con cuidado sobre las propias acciones – 11 **tenso** ≠ relajado – 14 **un rumbo** camino que up quiere seguir, dirección – 19 **ajardinado** terreno que se convierte en jardín – 20 **una manzana** bloque de casas generalmente con forma de cuadrado, delimitado por calles por todos sus lados – 24 **divisar** ver uc confusamente o a distancia – 26 **el aletargamiento** inactividad, adormecimiento (estar medio dormido, cansado) – 27 **contribuir** participar – 27 **la paralización** parálisis, perder la capacidad de movimiento

parecía un escenario desierto, listo para la representación; pero completamente vacío.

De pronto, algo los dejó paralizados. Se detuvieron en seco e, inconscientemente, se refugiaron en el portal de una casa. Se trataba de dos coches de la policía, justo delante de la puerta principal. Observaron cómo varias personas descendían de los vehículos, entre ellos, una mujer.

–¡La Chelo! –exclamó Borja.

Consuelo Novelda era la directora del instituto. Una mujer alta y corpulenta, con mucho carácter, de esas cuya mera presencia bastaba para intimidar. Ella conseguía muchas cosas que los demás profesores eran incapaces de hacer, como imponer disciplina y orden a los alumnos en momentos determinados. Una voz de la Chelo, como era conocida entre los alumnos, era como un trueno, con el agravante de que ese trueno había seguido a un rayo implacable.

Todos –alumnos y profesores– guardaban respeto a la directora, que en muchas ocasiones era miedo. Sabían que no se paraba ante nada y que conseguía todo lo que se proponía, sin importarle cómo.

Su presencia con la policía dejaba las cosas muy claras: ya habían descubierto que el blog, donde se había vertido la grabación del accidente, se había creado en el ordenador del instituto. La Chelo iba a abrir de par en par las puertas del centro a la policía y, además, ella misma iba a comenzar a indagar por su cuenta.

3 **detener en seco** *loc* parar abruptamente – 8 **la Chelo** el uso del artículo determinado antes del nombre propio es inadecuado según la norma culta, pero utilizado con frecuencia en el habla coloquial, especialmente en ciertos contextos; en femenino puede señalar a una artista o up con temperamento e importante – 10 **corpulento** grande, alto y fuerte – 10 **un carácter** fuerza, ánimo, firmeza, energía – 10 **mero** simple, puro – 11 **intimidar** dar miedo, impresionar – 13 **imponer** obligar; producir respeto o miedo – 15 **un trueno** rayo que hace ruido – 15 **un agravante** circunstancia que hace un delito más grave de lo que era – 16 **implacable** inflexible, severo; que no se puede suavizar, aplacar – 22 **verter** echar un contenido – 24 **de par en par** *loc* abrir completamente; sin obstáculos, claramente – 26 **indagar** intentar saber uc por medio de preguntas – 26 **por su cuenta** *loc* sin contar con otros, con independencia

Adrián, Borja y Claudio se alejaron despacio, cuidando de no ser vistos. La idea de destruir el disco duro del ordenador del instituto se había esfumado de sus cabezas. Pensaban, además, que había sido una suerte no llegar a entrar, pues lo peor que podía haberles ocurrido era que la policía les hubiese pillado dentro, con las manos en la masa. No hubiesen tenido escapatoria posible.

El desconcierto de los tres iba en aumento, y con él, las dudas, los temores, los remordimientos... ¡Todo! Y, como casi siempre, era Claudio quien lo exteriorizaba con mayor facilidad.

–¡Estamos perdidos!

–¡No lo estamos! –Adrián tenía que esforzarse para convencerle–. Recuerda que ni siquiera habíamos tomado la decisión de entrar en el instituto. No pasa nada.

–Pero la policía ya sabe que se hizo desde aquí, por eso han venido.

–¿Y qué? Somos más de mil alumnos en el centro, recuérdalo. Además, también pudo hacerlo alguien de fuera.

–Eso es verdad –ratificó Borja–. Ya han entrado varias veces a robar.

Era cierto. El instituto no era un bastión infranqueable. Igual que ellos habían saltado la valla y forzado las puertas, lo podían haber hecho otras personas, incluso no necesariamente alumnos.

–No hay nada que temer –dijo Adrián con vehemencia–. No hemos dejado ninguna pista, ninguna huella. Estoy seguro.

Y de pronto, volvieron a verse junto al río, ese río presente en sus vidas desde que tenían uso de razón, pues los tres eran del mismo barrio. Para ellos, Madrid era inconcebible sin esa

3 **esfumarse** desaparecer – 6 **con las manos en la masa** *expresión* in fraganti; en el mismo momento en que se está realizando una acción mala o un delito – 8 **el desconcierto** confusión o sorpresa – 9 **el remordimiento** mala conciencia – 14 **convencer** hacer que up acepte uc mediante argumentos – 21 **robar** llevarse up uc que no es suya, quitar uc a up, efectuar un robo – 22 **un bastión** castillo con muros de defensa, fortaleza – 27 **una pista** orientación, señal – 29 **el uso de razón** capacidad de razonar a la que se llega después de la primera niñez – 30 **inconcebible** que no se puede pensar o imaginar

porción de agua grisácea, sin ese hilo turbio y zigzagueante que la atravesaba de oeste a este. A los tres les había sorprendido un comentario que hizo un día el profesor de Historia. Al hablar de las grandes ciudades del mundo dijo que todas estaban construidas a la orilla del mar o junto a un gran y caudaloso río. Para el profesor, Madrid era la excepción. Sin embargo, ellos no lo veían de ese modo, pues el diminuto Manzanares era mucho más que un gran río, era el paisaje más entrañable de su vida y, por consiguiente, su vida misma.

Acabaron sentados en una pequeña pradera. El silencio se había apoderado de ellos. Parecían haberse quedado sin palabras y sin ideas. Posiblemente, los tres tuviesen los mismos pensamientos y las mismas preguntas dando vueltas y más vueltas por sus cabezas, pero la mordaza del silencio era más fuerte que nunca. Habría que hacer un gran esfuerzo para romperla.

Les llegaba el fragor de coches del cercano Paseo de la Florida. Era un camino que mucha gente tomaba para entrar en Madrid; salían de la M-30, o bien de la carretera de Castilla, y enfilaban la avenida de Valladolid. Era una forma llegar al centro de la ciudad en poco tiempo, a no ser que la calle estuviese colapsada, cosa que ocurría con frecuencia. Adrián pensó que a lo mejor ese era el camino que habían elegido los padres de Nuria cuando regresaban a su casa. Durante el día era más rápido coger la M-30 y circunvalar la ciudad; pero a esas horas de la noche podían haber optado fácilmente por cruzar por el mismísimo centro, que imaginarían libre de tráfico. De todas formas, era imposible saberlo, pues la pasarela desde la que arrojaron la piedra se hallaba justo antes de la bifurcación. La elección de un camino u otro deberían haberla tomado tan solo unos metros después, unos segundos después.

5 **caudaloso** corriente con mucha agua – 7 **diminuto** demasiado pequeño – 8 **entrañable** íntimo, afectuoso, que se le tiene cariño – 14 **una mordaza** *fig* uc que se pone a up en la boca para que no hable – 17 **un fragor** ruido – 20 **enfilar** tomar la dirección de un carril o camino – 22 **colapsar** paralizar, atascar – 26 **optar** elegir, decidir

Borja no pudo aguantar más aquel silencio y por eso dijo lo primero que se le ocurrió.

–¿No has quedado hoy con tu novia?

Adrián tuvo la sensación de que aquellas palabras, aquella pregunta, le zarandeaban.

–No –respondió secamente.

Sus amigos sabían que tenía novia, y muchas veces le habían dicho que tenía que presentársela de una vez. Pero como Nuria no era del barrio, y además vivía en una zona alejada, la ocasión no se había presentado aún. En ese momento, Adrián se alegró mucho de que sus amigos no la conociesen en persona. Dudaba incluso que recordasen su nombre, pues siempre que se referían a ella la llamaban simplemente *tu novia*. Decidió que tendría que evitar hablar de ella. No les iba a contar la relación de su novia con el accidente, ni mucho menos. Todo lo contrario, procuraría cambiar de tema cuando ellos lo sacasen, o responder con monosílabos, como había hecho en esta ocasión. Tendría que separar dos mundos: su novia, por un lado; sus amigos, por otro. Aunque esos mundos estuviesen endiabladamente enmarañados.

Cuando comenzó a anochecer regresaron a sus casas, siguiendo el mismo camino y la misma rutina de siempre. Adrián fue el último en llegar.

Sus padres ya habían regresado y andaban de un lado para otro, aparentemente alterados, deshaciendo bolsas.

El marido repetía una y otra vez el nombre de su mujer, no se sabía bien si para pedir auxilio o consejo:

–¡Elvira, Elvira, Elvira...!

La mujer también repetía el nombre de su marido, y tampoco se entendía bien el motivo.

–¡Julio, Julio, Julio...!

5 **zarandear** *fig* agarrar a up por los hombros y moverla enérgicamente, agitar – 20 **endiablado** *coloq* horrible, malo, malvado – 20 **enmarañar** confundir, complicar – 27 **el auxilio** ayuda

Al cruzarse con su hermana por el pasillo, sus miradas se encontraron durante una fracción de segundo. Los dos tuvieron la sensación de que de aquel choque habían saltado chispas. Sin abrir la boca, sin estar siquiera seguros de que el contrario lo entendería, los dos aprovecharon aquella fugaz mirada para transmitirse muchas cosas.

Saludó a sus padres y les hizo la pregunta obligada.

–¿Qué tal la autocaravana?

–Perfecta –respondió su padre de inmediato–. Ya podéis ir pensando adónde queréis ir este verano.

–Al Cabo Norte –dijo Reyes.

–Eso son palabras mayores –replicó Julio–. Pero no estaría mal.

–Pero si vamos al Cabo Norte tendría que ser a finales de junio, que es la fecha ideal para ver el sol de medianoche –argumentó Elvira.

–Bueno, podemos cambiar las vacaciones.

Adrián escuchaba la conversación de su familia y constataba que formaba parte de la normalidad absoluta. La situación, el ajetreo, los diálogos... Todo era habitual. Para su familia, aquel día era un domingo normal y corriente de primavera, un domingo con su parte de rutina y monotonía y, a la vez, con esos proyectos que le daban un toque especial. Adrián sabía que no era la primera vez que había vivido esa situación, ni la segunda, ni la tercera... Sin embargo, había algo que rompía el guión perfecto de su familia, y el suyo, y cualquier otro guión que quisiese imaginar. Era algo que solo le pertenecía a él, era un secreto terrible que tenía la intención de no confesar jamás. Un secreto que tenía mucho que ver con la vida real, esa que no llegaba a comprender del todo. «La vida real podía limitarse

4 **saltar chispas** *loc coloq* producirse una emoción fuerte y tensa entre dos personas – 5 **fugaz** rápido, muy breve – 6 **transmitir** comunicar, hacer llegar uc a up – 12 **palabras mayores** *fam* asunto o aspecto de gran importancia – 18 **constatar** comprobar, asegurarse de la verdad de uc – 20 **el ajetreo** trabajo excesivo, gran actividad o movimiento constante de un lado a otro – 23 **un toque** nota, tono, característica – 28 **confesar** admitir, reconocer, aceptar

a cosas como un viaje en autocaravana al Cabo Norte. ¿Por qué tenía que complicarse con otros asuntos?», pensó.

Una exclamación de su padre le sacó con violencia de sus pensamientos.

–¡Hijos de puta!

–¿Qué ocurre? –preguntó de inmediato Elvira.

Adrián se encerró en su habitación. La televisión estaba encendida y de nuevo retransmitían la noticia del accidente provocado por una piedra lanzada a propósito desde una pasarela. No quería escuchar más comentarios. No podía escuchar más comentarios. Ni siquiera quiso saber si ya se había difundido la noticia de que la policía había descubierto que las imágenes fueron volcadas a internet desde un ordenador del instituto.

Se tumbó en la cama y en unos minutos notó que el sueño se apoderaba por completo de él. Sintió todo el cansancio acumulado y, sobre todo, todas las horas que llevaba despierto, que eran demasiadas.

Antes de conciliar el sueño hizo un último esfuerzo para telefonear a Nuria. Estaba en su casa y, como él, iba a dormir, o en su caso a intentarlo, pues la agitación le había borrado el sueño. Al menos, trataría de descansar unas horas y por la mañana temprano volvería al hospital. Solo tenían cinco minutos para ver a su madre, pero esta vez iba a ser ella la que entrase a la UCI. Ya lo había acordado con su padre. Quería verla. Quería acariciarle una mano, tal vez cogerla entre las suyas. Quería susurrarle algunas palabras. Quería sentirla a su lado, aunque la vida prácticamente ya se le hubiese escapado.

–Gracias, Adrián.

–No me des las gracias.

–Te quiero mucho.

–Yo también.

9 **a propósito** *loc* con intención, voluntariamente – 16 **el cansancio** → cansado – 17 **acumular** agrupar un montón, juntar gran cantidad de cosas – 19 **conciliar up el sueño** *loc* conseguir dormirse – 21 **la agitación** inquietud, angustia, nerviosismo – 25 **acordar** decidir, ponerse de acuerdo – 27 **susurrar** hablar muy bajo, murmurar descubriendo un secreto

Aquel diálogo ya se había vuelto habitual. Era el colofón[1] que precedía a la tecla roja que cortaba la comunicación telefónica.

1 **un colofón** final o conclusión de un proceso que lo cierra como resultado

Lunes, 08:30 horas

Llevarían aproximadamente media hora de clase de matemáticas, cuando se abrió la puerta del aula de par en par y entró la directora. Era su forma de actuar. Ni siquiera unos golpecitos con los nudillos para avisar de su presencia. Saltaba a la vista que a los profesores les desagradaba aquella manera de comportarse, que consideraban una intromisión y una falta de respeto a su trabajo, por eso no solían disimular un gesto de desagrado cuando la veían entrar como un torbellino, interrumpiendo sus clases, y se apartaban de mala gana, cediéndole el sitio junto a su mesa. Solo entonces, la directora tenía una deferencia hacia el profesor interrumpido.

–Disculpa un momento –solía decirle.

Adrián, Borja y Claudio se buscaron con la mirada y, con disimulo, procurando que nadie más lo notase, trataron de formar esa piña de la que habían hablado. Juntos, unidos, pero sin llamar la atención, sin levantar sospechas, sin hacer nada que no fuera lo habitual.

–Ha ocurrido algo grave, muy grave, gravísimo –comenzó a decir Consuelo Novelda, con su voz potente y rotunda; pero con una seriedad mayor que la habitual–. Y parte de lo que ha ocurrido se ha hecho en este instituto.

A continuación, la directora narró con detalle lo sucedido, que muchos ya conocían por los medios de comunicación: el accidente provocado en la carretera de Castilla y la difusión de las imágenes por internet, que muchos de ellos habían visto. Lo que desconocían los alumnos era que esas imágenes se habían lanzado a la red desde los ordenadores del instituto. Al

5 **un nudillo** por donde se dobla el dedo y con lo que se golpea la puerta para llamar (Fingerknöchel) – 6 **saltar a la vista uc** *loc* ser muy claro, evidente – 7 **una intromisión** meterse up en un asunto que no es suyo, mezclarse en uc para la que no ha sido llamado – 9 **un torbellino** *coloq* up demasiado viva e inquieta que habla y actúa rápido y desordenadamente – 12 **una deferencia** amabilidad que muestra respeto o cortesía – 16 **una piña** grupo de personas muy unidas – 20 **rotundo** claro, preciso – 23 **narrar**, contar, referir

escucharlo, se organizó un revuelo en el aula. Comenzaron a cruzarse comentarios.

–¡El asunto está en manos de la policía! –la voz de la directora acalló sus voces–. Pero nos ahorraríamos tiempo y trabajo si los culpables del delito confesasen. ¿Alguna duda?

Fueron muchas las preguntas de los alumnos, todas relacionadas con el tema, con la investigación, con la posible existencia de sospechosos... La directora, una y otra vez, hacía referencia a la investigación que la policía estaba llevando a cabo. Todo apuntaba a que habían sido alumnos del instituto los culpables, y ella se iba a pasar clase por clase informando e instigando a los posibles culpables para desenmascararlos.

Borja y Claudio se quedaron de piedra cuando vieron que Adrián levantaba también la mano para hacer una pregunta. La directora le señaló con un gesto de su cabeza.

–¿Y no piensan que han podido ser personas de fuera? –dijo–. Ya han entrado otras veces para robar, así que...

La pregunta de Adrián desencadenó muchas adhesiones y comentarios. Todos los alumnos estaban de acuerdo. ¿Por qué tenían que sospechar de ellos cuando podía haber sido gente de fuera? Como de costumbre, el hecho de ser jóvenes ya les convertía en sospechosos. Era una prueba más del desdén con el que la sociedad valoraba a los jóvenes: siempre culpables, mientras no se demostrase lo contrario.

Borja y Claudio se miraron de reojo. Los dos alababan la sangre fría de su amigo. Había hablado con total serenidad y lo que había dicho era convincente, muy convincente. Ellos no

1 **un revuelo** confusión, agitación entre personas – 4 **acallar** silenciar, hacer callar, hacer que up no diga uc – 10 **llevar a cabo** *loc* realizar, hacer – 10 **apuntar** señalar hacia un punto o dirección – 12 **instigar** provocar, llevar a up a hacer uc – 12 **desenmascarar** dar a conocer a up tal como es, descubrir los propósitos, sentimientos, *etc* que le gustaría ocultar – 13 **de piedra** *loc coloq* paralizado por la sorpresa – 18 **desencadenar** producir, provocar, causar una serie de sentimientos o hechos – 18 **una adhesión** unirse a una idea o causa y a la defensa que se hace de ellas – 22 **el desdén** desprecio, falta de respeto o consideración – 23 **valorar** reconocer, apreciar el valor de uc o up – 24 **demostrar** probar o manifestar una verdad mediante pruebas – 25 **mirar de reojo** *loc* mirar con disimulo, dirigiendo la vista por encima del hombro o hacia un lado y sin torcer la cabeza – 27 **convincente** que convence, que se cree

se sentían capaces de hacer algo así, el nerviosismo les habría atenazado y, de alguna manera, desenmascarado.

–Cuando termine de informar a todas las clases estaré, como siempre, en mi despacho –concluyó la directora–. El que quiera hablar conmigo ya sabe dónde encontrarme.

Hizo un leve movimiento con la mano al profesor, a modo de saludo o de despedida, y salió del aula con la misma determinación con que había entrado.

Un silencio tenso se adueñó de la clase. Todos estaban procesando en sus cerebros las palabras de la Chelo. No se trataba, como en otras ocasiones, de recomendaciones académicas, o de amenazas por mal comportamiento, o de cuestiones administrativas. Esta vez el tema era muy serio. Por eso, se habían quedado sin habla. Hasta el profesor mostraba su preocupación, y tardó un buen rato en reanudar su clase. Cuando al fin arrancó, no siguió con la materia que les estaba explicando, sino que retomó las palabras de la directora e insistió en la gravedad de lo sucedido y en la necesidad de que los culpables, si es que pertenecían al centro, se entregasen. La clase de matemáticas cesó para dar paso a una especie de debate moral, y muchos alumnos se animaron a intervenir. Todos, incluso los que habían visto y celebrado la grabación, se mostraban ahora como jueces implacables y deseaban que cayese sobre los culpables el peso de la ley. En el acalorado debate, Adrián, Borja y Claudio se mantuvieron al margen. Ninguno se atrevió a abrir la boca.

A la hora del recreo todo el instituto estaba al corriente de lo sucedido. La directora había trabajado duro. Por eso,

2 **atenazar** *fig* paralizar, dejar rígido; hacer sufrir, torturar – 4 **un despacho** lugar para gestión profesional, oficina – 4 **concluir** llegar a una conclusión después de examinar uc; terminar, finalizar – 9 **adueñarse** hacerse dueño, dominar – 10 **procesar** *fig* gestión informática de información y datos; *fig* proceso tecnológico de transformación física, química o biológica – 15 **reanudar** continuar lo que se había interrumpido – 16 **arrancar** *fig coloq* iniciar el funcionamiento una máquina – 17 **retomar** volver a un tema o conversación donde se estaba antes de la interrupción – 18 **la gravedad** importancia, seriedad – 21 **intervenir** entrar en la conversación – 23 **un juez** up que reparte justicia – 24 **acalorado** apasionado, enérgico, vehemente – 25 **al margen** *loc* fuera, apartado, sin participar en un asunto – 27 **estar al corriente de uc** *loc* estar enterado, saber

los patios y las canchas de deportes, aunque abarrotados, ofrecían un aspecto raro, donde predominaban los corrillos y las discusiones a media voz. También comenzaron a hacerse las primeras cábalas sobre los posibles culpables. ¿Serían del centro o ajenos a él? La mayoría se inclinaba a pensar que los causantes de aquello no pertenecían al instituto, sino que se habían aprovechado de él para preservar su anonimato.

No faltaban tampoco acusaciones veladas a algunos alumnos, que eran conocidos por su afición a grabar todo tipo de gamberradas, la mayoría de pésimo gusto, y colgarlas en internet. Sobre ellos, que eran unos cuantos y que pertenecían a varias clases, recayeron las primeras sospechas. Ni Adrián, ni Borja, ni Claudio se encontraban en ese grupo. Al contrario, su fama de empollones y alumnos ejemplares les precedía. Esa iba a ser una baza muy importante a su favor.

A la salida, los tres amigos se reunieron para regresar a casa, como tenían por costumbre. Era un acto que no podía levantar la mínima sospecha. Pero la tensión que habían acumulado durante toda la mañana, y que habían tratado de disimular, estalló en las inmediaciones del centro escolar, sobre todo por parte de Claudio y Borja. Adrián seguía aparentando sangre fría y control de la situación. Por el contrario, Claudio ya parecía estar dispuesto a tirar la toalla.

–Debemos entregarnos.

–¡No lo haremos! –le cortó tajantemente Adrián–. ¡Recuerda que eso ya lo habíamos dejado claro! ¡Los tres estábamos de acuerdo!

1 **abarrotar** llenar un espacio completamente – 2 **predominar** haber más cantidad o influencia de uc – 2 **un corrillo** *pl despect* grupo reducido de personas separado de los otros para hablar – 4 **una cábala** *pl* hipótesis, suposición, opinión – 5 **un centro** instituto, lugar en que se desarrolla una actividad concreta, *p ej* estudios – 5 **inclinarse** tener tendencia a hacer, pensar o sentir uc – 8 **una acusación** culpar, acusar a up de haber hecho uc – 8 **velar** cubrir, ocultar a medias, disimular – 10 **una gamberrada** *Esp coloq* acción dañina, molesta o escandalosa para otras personas – 10 **pésimo** muy malo, que no puede ser peor – 14 **un empollón** *Esp coloq despect* up que estudia mucho, usando más la memoria que la inteligencia – 14 **ejemplar** que da buen ejemplo y sirve de modelo – 23 **tirar la toalla** *loc coloq* darse por vencido, abandonar un asunto, no luchar más – 25 **tajante** categórico, terminante, que no permite discusión

–Pero la Chelo ha dicho...

–No ha dicho nada que nosotros no supiéramos. Ha pasado lo que tenía que pasar.

–La policía no es tonta y...

–Nosotros tampoco somos tontos. Y lo peor que podemos hacer es no estar de acuerdo y que cada uno tire por su lado. Si seguimos juntos, utilizando la cabeza, no nos descubrirán.

–Pero quizá ya sepan...

–Lo único que saben es que la grabación se volcó a internet desde el ordenador del instituto. ¿Y qué? Todos los alumnos nos convertimos en sospechosos; pero también son sospechosas otras muchas personas que pudieron entrar para hacerlo. Todo el mundo sabe que en este instituto han entrado montones de veces.

Borja, que se había mantenido callado, se decidió a hablar. No pudo evitar un tono de preocupación en su voz:

–Yo también pienso que debemos estar unidos.

Y esa frase le colocaba una vez más al lado de Adrián. Era su perro faldero, su escudero fiel. Claudio lo sabía y por eso se sentía siempre en desventaja. De todas formas, parecía fundamental mantenerse unidos en una situación como la que estaban viviendo. Unidos hasta el final.

–Palos de ciego –dijo de pronto Adrián, como hablando para sí.

–¿Qué? –le preguntó Borja.

–La Chelo y la policía solo están dando palos de ciego –explicó–. Es lo único que pueden hacer.

Claudio resopló con fuerza, como un caballo salvaje después de una galopada. Se metió las manos en los bolsillos de su pantalón, pero de inmediato, como si la tela le quemara, las

6 **tirar** *coloq* ir hacia un lugar, dirigirse a un lado (u otro) – 19 **un perro faldero** el que por ser pequeño puede estar en las faldas de las mujeres y se tiene como animal de compañía; *fig fam* que siempre está con up, la sigue y quiere agradarle – 19 **un escudero** *fig* up que ayuda y sirve a otro – 19 **fiel** que cumple sus compromisos, que se puede confiar en él – 23 **palos de ciego** *pl* actuación desorientada que no consigue alcanzar los objetivos que se quiere – 29 **una galopada** carrera a galope (marcha más rápida del caballo)

sacó y las extendió con las palmas hacia arriba, como si estuviera suplicando algo.

–¿Decidme qué debemos hacer entonces? –preguntó.

–Nada –la respuesta de Adrián fue contundente–. Nada que no sea lo normal. Tenemos que comportarnos como siempre. Y que el tiempo vaya pasando.

–Eso es muy difícil.

–Si dejas de obsesionarte, no lo será.

–¡No puedo dejar de obsesionarme!

–¡Sí que puedes!

–¡No tengo tu sangre fría! –Claudio negaba una y otra vez con la cabeza, asumiendo que no podía hacer otra cosa.

Adrián sacó su teléfono móvil y se lo mostró a sus compañeros.

–He borrado la grabación –explicó–. Revisad bien vuestros teléfonos y eliminad cualquier archivo que haga referencia a los hechos. No os fiéis de vuestra memoria. Miradlo todo. Tenéis que pensar que en el caso de que la policía nos mirase los teléfonos, no debería encontrar nada, ninguna referencia, ningún comentario. Nada.

–Sí, buena idea –Borja sacó su teléfono y se puso de inmediato manos a la obra.

Claudio volvió a negar con la cabeza.

–¡Mierda! –exclamó–. ¡Enviamos los sms desde mi móvil!

Adrián parecía haber olvidado este detalle y por un instante se quedó dubitativo, pero de inmediato asumió su rol de líder.

–Esos sms no son comprometedores –dijo–. En ellos, simplemente, tú nos comentas unas imágenes que acabas de descubrir en internet. Sí, será mejor dejarlos. Creo que hasta podrían servirnos de coartada. Pero el resto, fuera.

1 **una palma** parte interior de la mano (Handfläche) – 2 **suplicar** pedir humilde y respetuosamente – 8 **obsesionar** causar una obsesión, tener una idea, palabra o imagen continua en la cabeza y estar dominado por ella – 17 **fiarse** confiar en up – 26 **dubitativo** que duda – 27 **comprometedor** que compromete, hace responsable a up de uc – 30 **servir** valer, ser útil, funcionar – 30 **una coartada** argumento de un acusado para probar que no es culpable porque no ha estado presente en el lugar del delito en el momento en que se cometió; excusa, disculpa

–¡¿Por qué nos tienen que pasar estas cosas?! – Claudio dio una patada al suelo.

–Quejarnos no nos llevará a ningún lado –le replicó Borja.

Adrián se volvió a Borja y, como si en efecto se tratase de su fiel escudero, le miró de soslayo y afirmó con un gesto de su cabeza, ratificando su comentario.

Siguieron el camino habitual hasta las proximidades de sus casas y se separaron en el punto donde lo hacían habitualmente, junto a un quiosco de periódicos abandonado, en un cruce de dos calles.

Una vez solo, Adrián dobló la esquina por la acera donde se encontraba su portal, esquivó a una madre que colocaba a su bebé en un carrito y prosiguió la marcha, absorto. De pronto, como si hubiese salido de la nada, se topó con su hermana. No pudo evitar un sobresalto.

–¿Qué haces? –la increpó.

–Nada –respondió Reyes–. Por tu reacción has debido tomarme por un fantasma.

–No digas bobadas.

–Yo nunca digo bobadas.

–No dejas de decirlas, que no es lo mismo.

Reyes giró la cabeza, como dando a entender que no quería seguir manteniendo una conversación tan tonta. Pero tras permanecer unos segundos en silencio, hizo una pregunta a su hermano.

–¿En vuestra clase también estuvo la Chelo?

–Sí.

–¡Qué fuerte!

–Sí.

–¿Sospechas de alguien de tu clase?

–No.

5 **de soslayo** *loc* de lado, superficialmente, de pasada para evitar una dificultad – 11 **doblar** girar, torcer – 13 **un carro** *dim* coche, vehículo con ruedas – 13 **proseguir** seguir, continuar uc ya comenzada – 13 **absorto** absolutamente concentrado en lo que hace o piensa, ensimismado – 14 **topar** encontrarse con up casualmente – 16 **increpar** echar la bronca, reconvenir – 19 **una bobada** tontería, uc tonta o sin importancia – 28 **fuerte** *coloq juv* impresionante, sorprendente, increíble

-Yo estoy convencida de que nadie de mi clase lo hizo.

-¿Por qué?

-Recuerda que somos de primero. Demasiado pequeños para...

-Yo no me fío de los pequeños, como tú dices. Solo tengo que verte a ti para desconfiar.

-¿Crees que he podido hacerlo yo?

-Saliste de casa por la noche.

-¿Hablas en serio?

Adrián miró a su hermana y suspiró.

-No, no hablo en serio -reconoció.

Adrián, aparentemente impasible, continuó su camino. Su hermana parecía seguirle, más que acompañarle. Le miraba constantemente, aunque él en ningún momento le devolvió la mirada.

-Pues yo creo que has podido hacerlo tú -le dijo de pronto.

Adrián acusó las palabras lapidarias de su hermana y se detuvo en seco.

-¿Qué estás diciendo?

-No he afirmado que lo hayas hecho -puntualizó de inmediato Reyes-. Solo he insinuado que has podido hacerlo.

Adrián iba a responder a su hermana, pero cambió de opinión y decidió ignorarla. Reyes tenía la virtud de sacarle de sus casillas. Para él era una estúpida sabelotodo entrometida, que se parapetaba en un vocabulario soez para dárselas de mayor. No merecía la pena discutir con ella. Era la persona con la que menos le gustaba discutir en el mundo,

12 **impasible** indiferente, que no demuestra emociones – 17 **acusar** reflejar la fuerza y efectos de un golpe recibido, mnfestarlo – 17 **lapidario** que se dice de forma breve, concisa y seria, por lo que resulta contundente e impresiona – 20 **puntualizar** precisar con el fin de aclarar, completar o corregir – 21 **insinuar** dar a entender uc de forma sutil o indirecta (andeuten) – 23 **ignorar** no prestar atención, ho hacer caso – 23 **una virtud** capacidad para producir o causar efectos, fuerza – 24 **un sabelotodo** *coloq* que hace ver que es sabio sin serlo, sabihondo (Besserwisser) – 25 **un entrometido** up con la costumbre de participar en conversaciones o asuntos que no son suyos – 25 **parapetarse** defenderse de un riesgo por algún medio, protegerse – 25 **soez** vulgar, ordinario – 26 **merecer la pena uc** *loc* estar bien utilizado el trabajo que cuesta uc, valer la pena, compensar

sobre todo porque, a pesar de la diferencia de edad, nunca conseguía derrotarla con sus argumentos. Tenía unas ideas férreas, inamovibles, y lo peor era que sabía defenderlas con razonamientos muy lógicos y simples, lo que hacía difícil la réplica.

Volvió la cabeza y aceleró el paso.

–No he dicho que lo hayas hecho tú –insistió Reyes, como si nada hubiese ocurrido–. Pero es que mi cabeza no deja de pensar, de imaginar, de suponer cosas... Son como novelas que aparecen en mi cerebro. De mayor me gustaría ser escritora. Un chico tira una piedra desde un puente a una carretera para hacer una broma y grabarla en el móvil, la piedra provoca un accidente y muere la madre de la novia de ese chico. ¡Menuda putada! ¿Te imaginas? Es un buen argumento para una novela. ¡Es la hostia! Me gustaría escribir esa novela, lo malo es que todavía no se me ha ocurrido el final. Creo que el final de una novela siempre tiene que ser difícil.

Adrián abrió el portal de su casa y antes de que entrase su hermana volvió a cerrarlo, dejándola en la calle con la palabra en la boca. No podía soportarla más. Subió las escaleras hasta su piso, a grandes zancadas.

En la mesa, no cruzó una sola palabra con Reyes, incluso evitó mirarla y se comportó como si estuviera solo en casa, ignorándola en todo momento. Mientras comía estuvo atento a las noticias de la televisión, pero ya no volvieron a decir nada más del accidente. La actualidad era así. Las noticias, incluso las más importantes, nacían con fecha de caducidad. Y la noticia del accidente de la carretera de Castilla ya había caducado, aunque algunas personas estuviesen aún sufriendo

3 **férreo** duro, que aguanta o resiste – 3 **inamovible** que no se puede mover – 5 **una réplica** argumento con que se replica o responde – 12 **una broma** chiste – 13 **menudo** *Esp coloq* ¡vaya…! ¡que…!; para mostrar admiración o sorpresa – 14 **una putada** *vulg* acción hecha con mala intención contra up, injusta y dañina – 20 **dejar a up con la palabra en la boca** *expresión* irse en medio de una conversación antes de que up haya terminado de hablar – 20 **soportar** aguantar, resistir – 21 **una zancada** paso largo que se da con movimiento rápido o por tener las piernas largas – 24 **atento** con la intención fija en uc – 27 **la caducidad** fecha límite hasta la que dura el uso o consumo de un producto, *p ej* de alimentación

las consecuencias y otras arrastrasen las secuelas durante el resto de sus vidas. Adrián pensó que era mejor así. Que la sociedad olvidase lo sucedido, que pasasen los días y regresase la normalidad, que los zarpazos de la vida real quedasen de nuevo envasados al vacío. Mucho mejor así.

A primera hora de la tarde sonó su teléfono móvil, y como vio que era una llamada de Nuria se encerró en su habitación para hablar con ella.

–Hola, Nuria, ¿cómo sigue todo?

–Igual.

–¿Os han dicho los médicos algo más?

–No.

–¿Y tú...?

–Necesito verte.

–¿Estás en el hospital?

–Sí.

–Voy para allá.

–Necesito hablar urgentemente contigo.

–No tardo nada. Cojo la moto y...

–Adiós.

Nuria cortó la comunicación y, solo entonces, Adrián se dio cuenta de que la conversación con su novia había sido lacónica. Pensó en su estado de ánimo y la disculpó. Luego, mientras iba en busca de la moto, intentó reproducir el diálogo que habían mantenido. Nunca antes Nuria le había hablado así, de una manera tan seca y directa. ¿Qué significaban sus palabras, o mejor, el tono de sus palabras? Pero había otra pregunta que lo inquietaba mucho más: ¿de qué quería hablar urgentemente con él? ¿Sabía Nuria algo que él desconocía?

Arrancó la moto y antes de ponerse en marcha visualizó el camino que iba a seguir hasta el hospital Clínico. La distancia no era mucha. En diez minutos estaría allí y saldría de dudas.

1 **una secuela** consecuencia o resultado negativo de un hecho, en especial un accidente o enfermedad – 4 **un zarpazo** *fig* golpe violento – 5 **envasar** poner en un envase, paquete o recipiente uc – 23 **lacónico** breve, conciso, seco – 28 **inquietar** preocupar, poner nervioso

Lunes, 17:00 horas

Se encontró con Nuria en las inmediaciones de la UCI, en una pequeña y poco iluminada sala de espera. Al entrar, la vio recostada en una butaca, aparentemente dormida. Su rostro sin color, demacrado, con profundas ojeras, reflejaba toda la angustia que estaba viviendo. Adrián se acercó despacio, sin hacer ruido. Pensaba sentarse a su lado y dejarla descansar. Pero antes de llegar a la butaca contigua, Nuria abrió los ojos y, como impulsada por un muelle, se incorporó.

–Sigue descansando.

–No estoy cansada.

–Yo creo que sí lo estás.

–No. Además, en unos minutos podré pasar a ver a mi madre. Solo será un momento, pero ese instante se ha convertido en lo más importante de mi vida.

Nuria no volvió a sentarse y salió de la sala de espera. Adrián la siguió en silencio. Un pasillo conducía directamente a la zona de la UCI. Miró su reloj y constató que aun no era la hora de visitas. El personal del servicio de cuidados intensivos era muy estricto con las visitas y con los horarios. Nada de aglomeraciones y nada de superar el tiempo establecido. Todos los enfermos estaban en situaciones muy delicadas, incluso críticas, y lo primordial era no molestarlos. Una breve visita por las mañanas y otra por las tardes. Ese era todo el contacto que los familiares podían tener con el enfermo. La visita de la mañana correspondía a su padre. La de la tarde era

4 **recostarse** acostarse – 5 **demacrado** delgado o con mal aspecto por falta de alimentos o por desórdenes físicos o psíquicos – 5 **una ojera** *pl* marca, mancha que se forma en el inferior de los ojos a su alrededor (Augenring) – 9 **muelle** pieza elástica que después de producir una fuerza o impulso puede recuperar su posición inicial (Sprungfeder) – 9 **incorporarse** levantarse – 20 **estricto** severo, riguroso, que se ajusta exactamente a la norma o a la ley sin admitir excepciones – 21 **una aglomeración** reunión sin orden de cosas o personas, amontonamiento – 22 **delicado** difícil de tratar o solucionar – 23 **primordial** primero en importancia, necesario, fundamental – 26 **corresponder** pertenecer, ser propio de up

la suya. Y nadie más. Ni su padre ni ella habían querido ceder ese privilegio a ningún otro miembro de la familia.

De pronto, Nuria se quedó mirando fijamente a Adrián.

–Me he enterado –le dijo.

Adrián se sintió desconcertado. No podía comprender lo que le quería decir su novia.

–¿Qué...? –balbuceó torpemente.

–La policía me lo ha confirmado todo.

Un sudor frío comenzó a invadir el cuerpo de Adrián. Se pasó el dorso de la mano por la frente y luego la palma por el cuello.

–¿Todo...?

–Sé con seguridad que el accidente de mis padres fue intencionado. Unos chicos lo provocaron tirando piedras desde un puente para grabarlo con un teléfono móvil y difundirlo por internet –Adrián escuchaba aquella historia, que tantas veces había oído repetir durante las últimas horas–. Sé también que las imágenes se volcaron a la red desde el ordenador de tu instituto.

–Sí, yo también lo sé –Adrián intentó rehacerse y aparentar calma, o al menos comportarse como debería hacerlo, con sentido común–. La policía estuvo en el instituto y la directora nos lo contó esta mañana. Lo están investigando.

–Pero la policía no va a descubrir a los culpables, ni esa directora tampoco –Nuria no pudo evitar un gesto de decepción–. Estoy segura.

–Están investigando.

5 **desconcertado** confuso, perplejo – 7 **balbucear** decir uc sin articular correctamente, sin que se entienda bien lo que up dice – 7 **torpe** falto de habilidad; que se mueve con dificultad – 8 **confirmar** asegurar la verdad de uc – 9 **invadir** ser dominado por un estado de ánimo o sentimiento; *fig* conquistar, ocupar – 10 **un dorso** parte de atrás de uc – 10 **una frente** parte superior de la cara desde las cejas hacia arriba (Stirn) – 10 **una palma** parte interior de la mano – 11 **un cuello** parte del cuerpo que une la cabeza con el resto del cuerpo – 14 **intencionado** con intención, voluntario – 20 **rehacerse** dominar una emoción, mostar tranquilidad, serenarse – 22 **el sentido común** modo de pensar y actuar de up normal y sana; juzgar de forma razonable – 26 **una decepción** ≠ ilusión; frustración

–No servirá de nada –insistió ella–. Pero yo sí voy a descubrir a los culpables.

Adrián sintió un escalofrío al oír hablar a Nuria con tanta seguridad y contundencia.

–Confía en...

–No. Solo voy a confiar en una persona.

–¿En quién? –preguntó él muy intrigado.

–En ti.

–¿En mí?

–Solo tú puedes ayudarme.

–¿Yo?

–Sí, solo tú puedes hacerlo.

–¿Y cómo piensas que puedo ayudarte?

–Muy sencillo: descubriendo a los culpables.

Se produjo un silencio, largo y tenso, que ninguno de los dos supo romper. Ella le había transmitido sus intenciones, y él había sentido sus palabras como un auténtico mazazo. Parecía que ninguno de los dos era capaz de reaccionar. Daba la sensación de que tenían que asimilar lo que iban diciendo, solidificar el terreno para dar un paso más.

–Tú eres alumno de ese instituto –continuó finalmente Nuria–. Y desde dentro te será más fácil. Los asesinos tendrán mucho cuidado con la policía, con la directora y los profesores del centro; pero con los compañeros puede ser diferente.

Adrián seguía sin reaccionar. Las palabras de Nuria no dejaban de zarandearle, y él solo se sentía un pelele. Una palabra nueva se le había clavado de manera especial, lo había atravesado de parte a parte: *asesinos*. Ella la había pronunciado para referirse a los culpables. Asesinos. Era una palabra terrible. Nunca había pasado por su mente. Asesinos. ¿Podían

3 **un escalofrío** temblor, estremecimiento (Schauder) – 7 **intrigar** despertar gran curiosidad o interés uc – 16 **romper** *fig* terminar con uc – 17 **un mazazo** uc que produce mucha impresión, un gran golpe en la conciencia – 20 **solidificar** *fig* hacer sólido, firme – 26 **un pelele** *coloq* up simple, inútil, que se deja manejar por otras; muñeco – 28 **de parte a parte** *loc* desde un lado al extremo opuesto – 30 **la mente** pensamiento, inteligencia

considerarse unos asesinos por querer grabar una broma con el teléfono móvil? Una vez más hacía acto de presencia la vida real, la despiadada vida real, que se empeñaba en abrirse camino con uñas y dientes. Si ellos solo estaban jugando conla vida virtual, ¿qué pintaba en medio de aquel juego la vida real?

-No es fácil... -Adrián tenía que hacer un gran esfuerzo para hablar, para no permanecer callado, como un tronco de árbol abatido, o como una estatua de bronce, o como las aguas estancadas del Manzanares.

-Ya sé que no será fácil -todo el ánimo que iba perdiendo él lo ganaba ella-. Pero podrás hablar con unos y con otros, indagar sutilmente, hacer preguntas, atar cabos... Será más fácil que tú descubras a los culpables. La policía, de no haberlo hecho ya, no lo hará.

Llegó la hora de la visita a la UCI, y Adrián sintió un profundo alivio cuando vio desaparecer a Nuria tras una puerta en la que con grandes letras se avisaba: PROHIBIDO EL PASO. Necesitaba estar solo unos minutos, recomponer sus pensamientos y, con ellos, su estrategia, que Nuria había hecho saltar por los aires. Tenía que asumir lo que su novia le estaba pidiendo y, sobre todo, comportarse de una manera lógica, normal, esa forma de comportamiento que él mismo había pedido a sus amigos y cómplices. Y si ella le pedía que investigase en el instituto para tratar de descubrir a los culpables, ¿qué debería hacer? Llegó a la conclusión de que lo mejor era decirle que sí, que lo haría, que preguntaría sutilmente a sus compañeros, que observaría con más atención, que trataría de desenmascarar a los asesinos. Se estremeció de nuevo cuando su pensamiento le trajo de nuevo aquella palabra. *Asesinos.* Solo podía hacer lo

3 **despiadado** inhumano, cruel, sin corazón – 3 **empeñarse** insistir en uc, esforzarse y no descansar hasta que se realiza, obsesionándose incluso – 4 **con uñas y dientes** *loc* con la mayor intensidad y energía posibles, como sea necesario – 5 **pintar** *en frases negativas o interrogativas* importar, significar, valer – 12 **atar cabos** *loc* deducir de varios indicios, sacar una conclusión – 19 **saltar up o uc por los aires** *loc fig* hacerse piezas pequeñas como consecuencia de una explosión – 28 **estremecer** horrorizar, alarmar

que Nuria esperaba que hiciera. Esa era la manera correcta de actuar. Esa era la única estrategia.

Regresó a la sala de espera y se sentó en la butaca en la que había encontrado a Nuria. Le pareció percibir en aquella piel sintética el calor de su cuerpo. Apoyó la cabeza sobre el respaldo y trató de relajarse.

Entonces se dio cuenta de que, durante un instante, por su mente había cruzado la posibilidad de contarle a su novia toda la verdad. Fue como una estrella fugaz, casi imperceptible. Llegó a hacerse esa pregunta: ¿y si le digo la verdad? Pero tal como apareció, se esfumó, hasta no quedar nada. Decírselo, era en cierto modo un acto de sinceridad y, por consiguiente, de amor; pero al mismo tiempo era una catástrofe. Era la catástrofe. Y esa catástrofe se refería al conjunto de su vida, no solo a su relación con ella.

Al cabo de un rato, que a Adrián se le pasó en un suspiro, regresó Nuria. Su gesto de abatimiento, si cabe, se había acentuado aun más. Adrián se levantó de inmediato y la abrazó. Ella se refugió en sus brazos.

–¿Cómo está? –le preguntó casi en un susurro.

–Está, pero no está. Es ella, pero no es ella. No está muerta, pero tampoco está viva –Nuria comenzó a sollozar–. ¡Es horrible! ¡Es horrible no poder hacer nada!

–Cálmate –Adrián le pasó una mano por el pelo.

–Si la ves, parece que solo está dormida. No tiene heridas ni traumatismos, ni siquiera un simple arañazo. Hasta mantiene un buen color de cara. Cuando el coche volcó se dio un golpe en la cabeza, un mal golpe, dijo el médico. Eso es todo. Solo un golpe, solo uno, solo uno... ¿Cómo es posible?

–Cálmate. He pensado que cuando pase todo, tú y yo...

–Cuando pase todo, mi madre estará muerta.

9 **una estrella fugaz** *fig* estrella que se mueve a gran velocidad y se apaga rápido – 9 **imperceptible** que no se nota, no se precibe – 12 **la sinceridad** ser sincero, verdadero, sin falsedad – 16 **un suspiro** *coloq* brevísimo espacio de tiempo – 17 **el abatimiento** estar abatido (sin ánimo ni fuerza, deprimido) – 22 **sollozar** respirar de manera profunda y discontinua a causa del llanto

Las palabras de Nuria volvían a ser un mazazo. Cualquier plan, cualquier proyecto, cualquier intento, chocaba siempre con una montaña de dolor.

–¿Vas a regresar a casa ahora? –Adrián cambió de tema–. He traído la moto, puedo llevarte.

–No, prefiero quedarme aquí.

–Pero ya no podrás volver a entrar.

–No importa, pero la siento más cerca cuando estoy aquí. Además, vendrán algunos familiares, dentro de un rato.

–Vamos a dar un paseo.

Adrián prácticamente no le dejó contestar y tiró de ella hasta sacarla de aquella sala de espera. Recorrieron los largos y fríos pasillos del hospital Clínico, y salieron al exterior por la parte trasera, la que da a un pinar que desciende hacia la Ciudad Universitaria. Caminaron un rato cogidos de la mano, sin apenas hablar, sin apenas mirarse; pero sintiéndose muy cerca. Acabaron sentados en un banco, en una de las pocas zonas desde donde no se divisaba la mole de ladrillo del hospital. Entonces, Adrián volvió a abrazarla y la besó. Al principio, ella parecía mostrar indiferencia al beso, pero enseguida se entregó con pasión, como si los labios de él pudieran retrotraerla al pasado, a situaciones vividas antes de que la tragedia inesperada dejase su vida sin sentido.

–Te quiero –dijo ella.

–Yo también te quiero –dijo él.

–Estás haciendo mucho por mí.

–Lo mismo que tú harías por mí.

Ella apartó ligeramente la cabeza para observarlo con más distancia, sin el roce de las pieles, sin el contacto de los labios. Cambió el gesto.

–Ahora tienes que ayudarme aun más –dijo ella.

–Siempre te ayudaré.

–Me refiero a lo del instituto.

18 **una mole** uc muy grande, con mucho volumen – 21 **retrotraer** llevar a tiempos y escenas pasados – 29 **un roce** un contacto ligero y breve

Nuria volvía a la carga. Estaba claro que no se iba a dar por vencida. De pronto, Adrián manifestó un pensamiento.

–¿Y qué harías con ellos? –le preguntó.

–¿Con los asesinos?

–Sí.

–En el momento los tuviese frente a mí, si alguien me dejase una pistola, te aseguro que apretaría el gatillo.

Las palabras de Nuria, pronunciadas con tanta vehemencia, daban miedo. Aquella muchacha de aspecto frágil podía albergar sentimientos terribles de venganza, sentimientos que podían transformarla, convertirla en otra persona. Después, su gesto cambió de nuevo y se serenó un poco. Negó con la cabeza.

–No, no creo que pudiera disparar. Solo quiero que paguen por lo que han hecho –sus palabras eran una mezcla de dolor y tristeza–. Pero sé que mi padre, si alguien no se lo impide por la fuerza, sí que los matará.

Y esta nueva amenaza le pareció a Adrián más preocupante. Él mismo había visto en el estado emocional en que había quedado el padre de Nuria. La rabia le corroía por dentro. Y era un hombre alto y muy fuerte. Nuria tenía razón, si alguien no se lo impedía por la fuerza, él mismo mataría a los culpables. Se lanzaría como una fiera salvaje sobre ellos, con sus dos manos les agarraría por el cuello y comenzaría a apretar hasta asfixiarlos, hasta que las vértebras crujiesen destrozadas entre sus dedos.

–¿Lo harás por mí? –le preguntó de pronto Nuria.

Adrián sabía que ya no podía evitar más la respuesta. La mirada de su novia se lo estaba pidiendo con claridad, se lo

1 **volver a la carga** *loc* insistir en un tema o uc que se quiere conseguir – 7 **un gatillo** pieza de un arma de fuego donde se aprieta el dedo para disparar (Abzug) – 10 **albergar** sentir, guardar o tener una determinada idea – 10 **una venganza** devolverle a up el *daño* que ha hecho (Schaden) – 11 **transformar** cambiar up o uc de aspecto o forma – 14 **disparar** hacer que un arma de fuego lance un proyectil – 23 **una fiera** animal peligroso – 25 **asfixiar** dejar sin respiración – 25 **una vértebra** Wirbelknochen – 25 **crujir** hacer ruido uc al romperse (knirschen)

exigía. Una vez más repitió su propia consigna: actuar con normalidad. Esa era la mejor estrategia.

-Lo haré -dijo al fin.

Nuria sintió las últimas palabras de Adrián como un bálsamo milagroso. Necesitaba saber que su novio iba a hacer algo que ella misma no podía hacer. Y en ese instante tuvo la certeza de que conseguiría averiguar cosas y descubrir a los asesinos. Se relajó y se acurrucó entre sus brazos. Con una de sus manos recorrió su pecho y finalmente se agarró a su cuello, que comenzó a acariciar con dulzura.

Él se obligó a mantener los ojos abiertos, pues si los cerraba, se imaginaba que esa mano tan suave que lo acariciaba se convertía en una terrible garra que se clavaba en su garganta sin piedad.

5 **milagroso** maravilloso, que supera las fuerzas de la naturaleza y no puede ser explicada por ellas – 13 **una garra** Kralle

Martes, 07:00 horas

Elvira era la primera que salía de casa, pues su horario de trabajo y la distancia así se lo exigían. Eso sí, antes de marcharse se aseguraba de que el resto de la familia se hubiese levantado. Los siguientes eran Adrián y Reyes, que entraban a la misma hora en el instituto, y el último era Julio, que, como era abogado y trabajaba en su propio despacho, tenía un horario más flexible.

Adrián y Reyes no habían vuelto a cruzar una sola palabra desde el día anterior. Incluso habían intentado esquivarse, procurando que ni siquiera sus miradas se cruzasen por casualidad. A diario compartían el momento del desayuno, y eso les iba a acercar a la fuerza, a no ser que quisieran prescindir de él. Pero tanto Adrián como su hermana estaban acostumbrados a desayunar en casa todos los días y no podían concebir marcharse al instituto con el estómago vacío. Por eso, no les quedó más remedio que sentarse prácticamente a la vez a la mesa, como si nada hubiera ocurrido entre ellos. Actuaron como siempre; él, preparando dos tazones de leche con cacao y sacando una botella de zumo de naranja de la nevera; ella, tostando rebanadas de pan. A continuación, se sentaron y, sin mirarse, empezaron a comer. Solo se oía el ruido lejano de la ducha, que su padre estaba utilizando en ese momento.

Para evitar el incómodo silencio, Adrián cogió el mando a distancia del pequeño televisor de la cocina y encendió el aparato. A esas horas, casi todos los canales emitían informativos, alguna entrevista a algún político, o algún debate sobre un tema de actualidad...

7 **un abogado** up que estudia la ley para defender a otras personas y ayudarlas – 16 **concebir** pensar o imaginar uc, creerla posible – 17 **no tener más remedio** *loc* haber, tener necesidad de hacer uc – 19 **un tazón** recipiente mayor que la taza y sin *asas* (Griff), generalmente de forma semiesférica – 20 **una nevera** frigorífico, refrigerador – 25 **un mando a distancia** aparato para modificar o cambiar desde lejos el funcionamiento de una máquina, *p ej* una televisión

Adrián introdujo una rebanada de pan en su tazón y dejó que se empapase bien. Cuando la sacó, y antes de que llegase a su boca abierta, esta se partió por la mitad y el trozo más grande cayó sobre la mesa, deshaciéndose.

–¡Mierda! –exclamó.

Recogió con sus dedos aquel trozo de pan empapado y sin ningún miramiento se lo llevó a la boca.

–Eres un cerdo –le dijo entonces Reyes.

–Métete en tus cosas.

–Me meto en lo que me da la gana. Tú no puedes prohibírmelo.

–Yo no te prohíbo nada.

–Pues que te quede claro.

–Solo te digo que me dejes en paz.

–¿Tienes miedo?

–¿De ti?

–De que te diga cosas que no te apetezca oír.

–¿Qué cosas?

–Preguntas.

–¿Qué preguntas?

–No te gustaría escucharlas.

–¿De qué vas?

–De tu hermana pequeña, de lo que soy.

–Pasa de mí.

–Aunque no te lo creas, lo intento; pero no puedo. Yo no te elegí, ya estabas en casa cuando llegué hace trece años. No puedo pasar de ti. Seguro que tú tampoco puedes pasar de mí. Te conozco muy bien.

–No tienes ni idea de cómo soy.

–Soy una chica inteligente y observadora, no lo olvides.

2 **empapar** mojar, llenar de líquido, humedad – 3 **un trozo** pieza, porción de uc – 8 **un cerdo** animal con el que se hace jamón o chorizo – 10 **darle a up la gana** *loc coloq* querer hacer uc con razón o sin ella – 22 **ir de uc** *loc coloq* hacerse pasar por uc, querer aparentar serla – 24 **pasar** *coloq* no prestar atención a up (o uc)

–Y pedante, y engreída, y sabelotodo, y malhablada...

–Eres mi hermano, mi único hermano, y te quiero mucho. Por eso no puedo pasar de ti.

La súbita declaración de cariño de Reyes desarmó a Adrián. Primero le sacaba de sus casillas y, a continuación, le manifestaba su afecto. Adrián la miró de reojo y no pudo evitar cambiar el tono de su voz por otro más amable.

–¿Qué he hecho yo para merecer una hermana como tú?

–Echa la culpa a papá y a mamá. Seguro que ellos sí que hicieron algo.

–Vale, no hace falta que me lo expliques con detalle.

–No pensaba hacerlo.

–Si te sirve de consuelo, te daré esta vez la razón: yo también te quiero mucho.

Los dos hermanos parecían haber firmado un tratado de paz, o al menos una tregua. Volvieron a mirarse y a sonreírse. Pero la mirada de Reyes no podía disimular su inquietud.

–Sigo pensando en mi novela –le dijo.

–¿Qué novela?

–Ayer te conté el principio y te dije que no tenía final.

–Ah, ya.

–¿Puedo hacerte una pregunta muy importante?

–Sí.

Reyes pareció titubear a la hora de formular la pregunta, como si una fuerza interior la previniese de que podía volver a desatar la tormenta. Se llevó el tazón a la boca y bebió un largo trago, buscando quizá el valor necesario en la leche con cacao.

–¿Tus amigos y tú tirasteis la piedra que causó el accidente de la carretera de Castilla?

1 **pedante** que presume de forma desagradable de sus conocimientos (sean ciertos o no) – 1 **engreído** up demasiado convencida de lo buena que es, de su valor, *fam juv* creído – 4 **una declaración** manifestación de amor – 15 **un tratado** pacto, acuerdo, conclusión de una discusión – 16 **una tregua** suspensión, descanso de la lucha o guerra por tiempo determinado – 25 **prevenir** avisar, advertir para evitar que uc ocurra – 26 **desatar** dejar libre con furia o energía – 26 **una tormenta** manifestación violenta de una pasión o estado de ánimo – 27 **un trago** porción de líquido que se bebe o se puede beber de una vez

Adrián podía esperar cualquier cosa de su hermana, pero aquella pregunta le dejó completamente helado. No sabía ni responder ni reaccionar. Mil ideas pasaron a la vez por su cerebro. Llegó a la conclusión de que Reyes sabía algo. Ella había salido también esa noche y era posible que le hubiese visto.

–¿Por qué me preguntas eso? –trató de defenderse con una nueva pregunta.

–Solo pensaba en mi novela. Imaginé que el que tiraba la piedra mataba a la madre de su novia. ¿Recuerdas?

–¡Deja de decir chorradas!

–¡No son chorradas!

La paz había durado menos de lo imaginado. El tono de sus voces dejaba a las claras la vuelta a las hostilidades.

–¿Qué es lo que sabes?

–¡No sé nada!

–¡Pues entonces cierra la bocaza!

Julio entró de improviso en la cocina, con el pelo mojado y envuelto en un albornoz.

–¿A qué vienen esos gritos? –preguntó a sus hijos.

–Nada, cosas nuestras –Adrián trató de quitar importancia al asunto.

–Pues solucionar vuestras cosas sin gritar, como gente civilizada, ¿de acuerdo?

Julio se sirvió un café y se sentó también a la mesa, entre sus hijos. Comenzó a prepararse una tostada con mantequilla y mermelada. De pronto, como si hubiera recordado algo, volvió la cabeza hacia Adrián y le preguntó:

–¿Cómo sigue la madre de tu novia?

–Igual.

2 **helado** sorprendido, paralizado, aterrorizado – 11 **una chorrada** *Esp coloq* tontería, idiotez; *aquí:* uc de poca importancia – 14 **a las claras** *loc* manifiesta, públicamente – 14 **la hostilidad** conflicto, agresión, enfrentamiento – 17 **-azo** *aum despect*; **un bocaza(s)**
coloq up que habla más de lo debido y de forma indiscreta – 18 **de improviso** *loc* sin previsión ni prevención (preparación anterior) – 19 **un albornoz** *Esp* prenda con capucha que se utiliza para secarse después del baño o ducha (Bademantel)

–Pobre mujer. –Dio un mordisco a la tostada y siguió hablando con la boca llena–. Y en el instituto, ¿han averiguado algo?

–No.

Julio bebió un poco de café y se quedó un instante pensativo. Reyes se quedó mirándolo y, como de costumbre, le hizo una de sus preguntas, esas preguntas inesperadas que, a primera vista, parecían no venir a cuento; pero que siempre encerraban algo más.

–Papá, ¿qué harías tú con los que tiraron la piedra y provocaron el accidente?

Julio miró a Reyes.

–En caliente, una burrada, seguro.

–¿Y si uno de ellos fuese hijo tuyo?

Adrián no pudo evitar dar un respingo en la silla. Fulminó a su hermana con la mirada. Había momentos en que la estrangularía sin piedad.

–¿Que qué haría yo si uno de esos cafres fuera mi hijo? –Julio parecía haber entrado al juego que le proponía Reyes–. ¡Buf! ¡Menuda preguntita!

–Imagínatelo, papá. Imagina que Adrián, o que yo misma, hemos tirado la piedra.

Reyes se mostraba insaciable. Insistir era una de sus virtudes, o defectos. Cuando comenzaba un tema no había quien la detuviese. Ni siquiera se percató de los rayos mortíferos que desprendían los ojos de su hermano.

–No tengo tanta imaginación como tú –reconoció el padre.

–¿Eso significa que no sabes lo que harías?

1 **un mordisco** acción de apretar uc entre los dientes (morder) – 8 **venir a cuento** *loc coloq* tener un tema relación con lo que se habla en ese momento – 13 **una burrada** *coloq* barbaridad, estupidez, locura – 15 **fulminar** dejar muy impresionada a up con una mirada de enfado u odio – 17 **estrangular** ahogar a up oprimiéndole el cuello para evitar que respire – 18 **un cafre** cruel, bárbaro, violento – 19 **buf** uf, puf; *interj* indica molestia o desagrado – 23 **insaciable** que no se puede satisfacer o hartar, que nunca tiene suficiente – 23 **una virtud** cualidad personal que se considera buena y correcta – 25 **percatarse** darse cuenta clara de uc, tomar conciencia de ella – 25 **mortífero** que mata o puede causar la muerte – 26 **desprender** echar fuera de sí uc

–Sinceramente, no lo sé. Adrián y tú sois lo más importante que tengo. Quiero que viváis una vida plena, que desarrolléis todas vuestras capacidades e inquietudes, que seáis felices...

Adrián no estaba dispuesto a seguir escuchando, no podía soportar durante más tiempo que su hermana lo estuviese martirizando indirectamente con ese tipo de preguntas. Se levantó con brusquedad de la silla y dejó su taza vacía y los cubiertos en el lavavajillas. Era ya casi la hora de salir hacia el instituto. Mientras se dirigía a su habitación para recoger unas carpetas, oyó que su padre apremiaba a su hermana.

–Deja de hacer preguntas y termina de desayunar.

Los hermanos salieron a la vez de casa y caminaron juntos en dirección al instituto. Durante un buen rato, no se dirigieron la palabra. Estaba claro que entre ellos había vuelto la guerra, y Adrián pensó una estrategia, que puso en práctica de inmediato. Se resumía en una frase hecha, muy conocida, que repetían a menudo los comentaristas deportivos: la mejor defensa es un buen ataque.

–¿Quieres que te diga lo que estoy pensando? –preguntó a su hermana con premeditación.

–Sí.

–Creo que lo has hecho tú.

–¿A qué coño te refieres?

–Tú tiraste la piedra que provocó el accidente.

–¿Lo dices en serio? –el rostro de Reyes acusó el impacto.

–Completamente.

–No seas gilipollas.

–Y tú no te escudes en tus tacos.

–No lo estoy haciendo.

3 **una inquietud** *pl* curiosidad o interés intelectual – 5 **soportar** aguantar, resistir – 6 **martirizar** *fig* torturar, hacer sufrir – 10 **una carpeta** objeto cuadrado de papel o plástico para guardar papeles (Mappe) – 10 **apremiar** meter prisa, hacer que up haga uc rápidamente – 23 **coño** *Esp vulg coloq interj* expresa extrañeza o sorpresa – 28 **escudarse** protegerse por algún medio para salir de un riesgo o compromiso, para justificarse

–Sé que tus amigas y tú habéis grabado cosas con vuestros móviles. No lo puedes negar.

–Pero es distinto...

–No, no es distinto. Se empieza grabando una broma y se acaba... Todo tiene mucho sentido, hermanita. Saliste esa noche de casa, eres alumna del instituto y muy buena con la informática. Todo encaja. Además, tienes una imaginación calenturienta.

Por primera vez en mucho tiempo, Adrián sintió que había puesto a su hermana contra las cuerdas. Ella no sabía cómo rebatirle; había perdido su aplomo. Adrián pensó que debería seguir su ataque, hurgar un poco más en la herida que acababa de abrir, pocas veces la iba a encontrar tan desconcertada. Pero estaban llegando al instituto y, además, estaba satisfecho con el resultado de esta primera batalla.

Se detuvieron un instante junto a la puerta que daba acceso a los patios. Reyes aun formuló una pregunta a su hermano antes de irse.

–¿Has llegado a pensar seriamente todo lo que me has dicho?

Adrián no supo o no quiso responder. Se giró con brusquedad y se dirigió hacia Borja y Claudio, que ya le habían hecho señales con sus brazos en alto desde el otro extremo del patio, junto a la puerta del edificio. Mientras se dirigía a su encuentro se dio cuenta de que estaba pensado muy seriamente en todo lo que le había dicho momentos antes a su hermana. ¿Por qué no? Todas las piezas encajaban perfectamente, como en un puzle. Incluso, si era necesario, podría crear pistas falsas, que la acusasen directamente. No sería difícil. Todo resultaría muy verosímil. Además, ella era más pequeña, una niña aún, y seguramente la ley la protegería más. No le pasaría nada.

8 **calenturiento** mente viva, excitada y con tendencia maliciosa que sobrepasa ciertos límites – 10 **contra las cuerdas** *loc* en una situación complicada, de la que es difícil salir – 11 **rebatir** discutir sobre un tema con argumentos, poner en duda – 11 **el aplomo** seriedad, serenidad, seguridad – 12 **hurgar** herumwühlen – 15 **una batalla** lucha, pelea, combate – 30 **verosímil** que parece verdadero, creíble, fácil de pensar en la realidad

Y para poder pensar en estas cosas, Adrián tuvo que apartar de su mente el recuerdo de parte de la conversación que había mantenido con Reyes durante el desayuno, cuando ambos hermanos reconocieron que, en el fondo y a pesar de sus disputas, se querían muchísimo.

Sacó su teléfono móvil de un bolsillo y lo alzó, mostrándoselo a sus amigos, dándoles a entender con este gesto que, antes de reunirse con ellos, iba a hacer una llamada.

Buscó en la agenda. Nuria. A su nombre y a su número de teléfono les acompañaba una fotografía de ambos, un primer plano de sus rostros muy juntos. Marcó. Ella lo cogió de inmediato.

–Hola, Adrián.

–¿Estabas durmiendo?

–No.

–Pero ¿estás en tu casa?

–Sí. Anoche mi padre casi me obligó a venir a casa. He dormido un buen rato.

–Te vendrá bien.

–Ahora nos iremos al hospital.

–Yo voy a entrar a clase.

–No olvides que tienes que ayudarme a descubrirlos.

–No, no lo olvido. Ya he empezado a indagar.

Nuria sintió curiosidad por las últimas palabras de Adrián. Una vez más volvía a sentirse afortunada por tener un novio como él.

–¿Has descubierto algo?

–Aún no. Solo tengo alguna corazonada.

–¿Qué quieres decir?

–Todo el mundo piensa en los mayores del instituto; pero también pudieron haberlo hecho los pequeños, me refiero a los de primero. Te aseguro que por la mente de un chico o una

5 **una disputa** lucha, discusión, pelea – 6 **alzar** levantar, elevar – 7 **dar a entender uc a up** *loc* decirla indirectamente, sugerirla – 25 **afortunado** con suerte, feliz, satisfecho – 28 **una corazonada** presentimiento, intuición, sensación de que algo va a ocurrir

chica de trece años pueden pasar las ideas más increíbles que te puedas imaginar. Te lo digo por experiencia.

–¿Qué quieres decir?

–No sé nada, en serio; pero si averiguo algo serás la primera en saberlo.

–Gracias.

–¿Nos vemos por la tarde?

–Sí.

–¿En el hospital?

–Sí.

–Iré después de comer.

–Te quiero.

–Yo también.

Martes, 17:30 horas

Después de la breve visita a la UCI, se dirigieron a la cafetería del hospital, sobre todo porque Adrián se enteró de que aquel día ella no había probado bocado desde el desayuno. Aunque Nuria aseguraba una y otra vez que no tenía hambre, no podía consentir que su novia se descuidase de aquella manera, arriesgando su salud. Tuvo que insistir con firmeza y, aunque ella rechazaba todas sus propuestas alimenticias, terminó pidiendo un sándwich vegetal.

Mientras la observaba comérselo, estuvo tentado de soltarle todos esos consejos que con tanta frecuencia se repiten: come bien y de manera regular, piensa en ti misma y cuídate para no caer enferma, tu cuerpo debe estar fuerte para que también lo esté tu mente... Pero no lo hizo y permaneció en silencio, mirándola. Y se alegró de no haberlo hecho. Era mejor casi haberla obligado a comer algo que soltarle monsergas que ni siquiera iba a escuchar.

Al terminar, se le ocurrió una idea. Era una forma de matar dos pájaros de un tiro, o tres. Por un lado, la sacaría del hospital, que se estaba convirtiendo en una especie de obsesión para ella; por otro, la obligaría a comer algo más. Y, sobre todo, seguirían solos un rato más.

-Conozco una heladería cerca de aquí -le explicó-. Damos un paseo y nos compramos un helado.

-Sí, me apetece un helado -esta vez ella no opuso resistencia, sino que hasta se mostraba animada con la idea.

-¿De qué?

-De lo que sea.

4 **no probar bocado** *loc coloq* no comer nada – 6 **consentir** aceptar, permitir, tolerar – 10 **soltar** *coloq fam* decir con brusquedad algo que debía callarse, compatir con sinceridad lo que se sabe – 16 **una monserga** *Esp pl* exposición o petición fastidiosa o pesada – 19 **matar dos pájaros de un tiro** *loc coloq* hacer o conseguir dos objetivos de una sola vez

Pero cuando él iba a hacer intención de levantarse de la silla, ella lo retuvo con fuerza por un antebrazo. Lo miró fijamente a los ojos y le dijo:

–Antes tienes que decirme lo que has averiguado en tu instituto.

–Aún no he averiguado nada.

–Esta mañana me dijiste que tenías sospechas.

–Solo sospechas, pero nada seguro. No debí comentarte nada, porque…

–¿De los pequeños? –insistía Nuria, aunque Adrián no podía disimular su incomodidad.

–Solo quería decir que, a veces, los más pequeños son los más inconscientes y…

–No me sirve la palabra inconscientes –le cortó tajantemente Nuria.

–Ellos no piensan en las consecuencias y por eso…

–Los que tiraron la piedra sabían lo que hacían, y lo hicieron con premeditación, alevosía y nocturnidad. ¿Cómo puedes decir que no pensaron en las consecuencias? Y que sean pequeños no les exculpa. Los pequeños del instituto, los de primero, tienen trece años. No son bebés de guardería.

–Yo creo que todos alguna vez en nuestra vida hemos hecho cosas sin pensar en…

–Sí, por supuesto, yo también las he hecho; pero no de esta gravedad. Sé dónde están los límites.

Adrián volvía a sentirse acorralado por Nuria. Era muy difícil mantener una conversación con ella en su estado. Sus argumentos se habían vuelto muy radicales y no admitían matices. Todo era blanco o negro, sin gama de grises. Tenía

2 **un antebrazo** parte inferior del brazo, desde el codo hasta la muñeca (donde se articula el brazo con la mano) – 14 **cortar** detener el curso de algo – 18 **con alevosía** *loc* a traición y sobre seguro; **la alevosía** una de las circunstancias que hacen más grave la responsabilidad criminal, cuando el que comete un delito contra up pone los medios para asegurar su acción, sin peligro para él – 18 **la nocturnidad** otra circunstancia agravante de responsabilidad, por cometer de noche ciertos delitos – 20 **exculpar** dejar sin culpa o responsabilidad, quitarlas – 29 **un matiz** aspecto poco perceptible que da un carácter especial a algo – 29 **una gama** variedad, paleta

la sensación de que, aunque no se lo hubiera dicho de una manera explícita, ella le había puesto en una difícil tesitura: o estás conmigo o estás contra mí. No hay neutralidad posible. Y puestos a elegir, lo tenía claro: siempre con ella.

–Hay un grupo de chicas de primero que graban cosas con los móviles para descargarlas luego en internet –explicó Adrián, sobre todo con intención de calmar un poco a Nuria.

–¿Quiénes son?

–Pero no estoy seguro de que lo hayan hecho ellas.

–¡Dame sus nombres!

–Puede haber otros que…

–¡Dame sus nombres! –insistía Nuria, que parecía no querer atender a otras razones.

Adrián se vio en un callejón sin salida, en el que él mismo se había metido. Tenía que librarse a toda costa de la presión de Nuria. Como no se le ocurrió una solución mejor, trató de embarullar más el asunto y desviar su atención.

–Podría haber más sospechosos –dijo.

–¿Quiénes?

–Insisto: solo sospechosos.

–¿Quiénes?

–No se les puede acusar de nada. Y es posible que yo mismo esté equivocado. Debes dejar que siga observando, hablando con unos y con otros, investigando… Eso era lo que iba a hacer, ¿recuerdas?

–Sí, sí, me estoy precipitando un poco –reconoció de pronto Nuria, acompañando sus palabras con un elocuente gesto de su rostro–. Pero es que me puede la ansiedad.

–Te entiendo, pero debes darme más tiempo –Adrián respiró un poco aliviado.

–Solo dime quiénes son los otros sospechosos.

2 **una tesitura** situación, circunstancia – 6 **descargar** *en internet* bajar, poner (herunterladen) – 14 **un callejón sin salida** *coloq* conflicto de muy difícil o imposible solución – 15 **a toda costa** *loc* sin limitación de gasto, por encima de todo, cueste lo que cueste – 17 **embarullar** *coloq* confundir, mezclar desordenadamente unas cosas con otras – 23 **equivocarse** estar en un error, confundir – 27 **elocuente** que tiene elocuencia, una capacidad de expresión que consigue emocionar, convencer, *etc*

–Pues... Esos son... mayores, quizá de mi curso... –titubeó Adrián–. Dame tiempo, por favor.

–Sí, sí, perdona.

Nuria al fin comprendió que estaba abrumando a su novio y que no era la forma más adecuada de actuar. Por eso dio marcha atrás. Le soltó el antebrazo, que aún sujetaba con fuerza entre sus manos y le hizo un gesto con la cabeza para que salieran en busca de ese helado.

Al instante, Adrián se arrepintió de todo lo que le había contado a Nuria. Habría sido muy fácil permanecer callado, decirle simplemente que no sospechaba de nadie y que lo más probable era que unos desconocidos hubiesen entrado en el instituto para utilizar el ordenador. Se preguntó por qué tenía que complicarse aún más la vida. Seguramente eran ganas de complacer a su novia, su deseo de no perderla. Quería seguir siendo su héroe, porque en eso se estaba convirtiendo para ella; un héroe en la sombra.

Un héroe. El héroe. En la sombra.

Sin saber por qué, su mente comenzó a jugar con esta frase y fue cambiando las preposiciones, observando cómo, aunque las palabras significasen lo mismo, se introducían pequeños matices.

El héroe a la sombra. El héroe de la sombra. El héroe bajo la sombra. El héroe ante la sombra. El héroe contra la sombra. El héroe entre la sombra. El héroe hacia la sombra. El héroe sobre la sombra. El héroe tras la sombra.

Dejó de gustarle el juego, sobre todo porque la palabra *sombra* siempre acababa inquietándole. Tendría que limitarse a ser un héroe, sin más, aunque intuía que esa sombra siempre lo iba a perseguir de un modo o de otro.

El héroe. La sombra.

El héroe y su sombra.

4 **abrumar** preocupar enormemente, producir angustia, estrés – 6 **dar marcha atrás** *loc coloq* dejar de intentar hacer uc o reducir la actividad – 9 **arrepentirse** sentir up pesar, dolor por algo dicho o hecho – 15 **complacer** causar a up satisfacción o placer, agradar – 29 **intuir** suponer, percibir espontáneamente

Pensó también que quizá se estuviese complicando la vida, asumiendo un papel que no le correspondía, para tratar de negarse a sí mismo lo que había sucedido; era una manera de intentar convencerse de que él, aunque había ideado y perpetrado el plan, no había estado allí. Negar la evidencia e, incluso, negar la realidad.

Le sorprendió la sangre fría de la que había hecho gala, sobre todo porque nunca pudo imaginar un comportamiento semejante. Sangre fría para pensar en su propia hermana cuando insinuaba que lo habían hecho los pequeños de primero; sangre fría para pensar en Borja y Claudio cuando pasaba la papeleta a unos de su clase. ¿Era eso sangre fría? ¿O simplemente se trataba de cinismo en grado sumo? ¿O era una mezcla endiablada de las dos cosas? En ese mismo instante se preguntó si sería capaz de traicionar a sus dos mejores amigos para quedar él indemne, o de culpar a su propia hermana con la misma finalidad. No quiso responder a esas preguntas y, para tratar de espantarlas, cerró los ojos y apretó la mano de Nuria.

-De leche merengada con turrón -pidió ella.

-De naranja con chocolate -pidió él.

-¿Me darás un poco del tuyo?

-Solo si tú me das del tuyo.

Se miraron a los ojos y sonrieron.

Cruzaron Moncloa con los helados en la mano y se sentaron en las praderas del parque del Oeste, entre pinos centenarios. Estuvieron un rato en silencio, rebañando las tarrinas. A

5 **perpetrar** cometer o consumar un delito – 7 **hacer gala de uc** *loc* mostrarse orgulloso de una cualidad propia, presumir – 12 **una papeleta** *coloq* asunto difícil de solucionar – 13 **un grado** valor, calidad de uc – 16 **indemne** sin sufrir daño o consecuencias negativas – 20 **una leche merengada** hecha con leche, claras de huevo y *canela* (Zimt) – 20 **el turrón** dulce típico de Navidad hecho de almendras, piñones u otros frutos secos, tostado y mezclado con miel y azúcar, que se come en forma de tabletas o porciones – 27 **rebañar** juntar y recoger los restos de comida que quedan en un plato u otro recipiente para comerlos – 27 **una tarrina** recipiente pequeño con tapa usado para alimentos que deben conservarse en frío

continuación, Nuria se quedó ensimismada, tratando de vislumbrar algo entre la vegetación del parque.

–Aunque no podamos verlo desde aquí, allí abajo está el Puente de los Franceses –dijo, extendiendo uno de sus brazos.

–Sí, lo sé.

–Y justo desde ese lugar sale la carretera de Castilla.

Adrián se dijo que ya era tarde para lamentarse de la elección del lugar. Podían haber paseado en otra dirección, aunque desde cualquier punto de Moncloa se encontrarían cerca del lugar del accidente. Era urgente cambiar de tema, buscar una conversación que los alejase de allí y, sobre todo, de los recuerdos. Pero ¿se podía huir de unos recuerdos tan cercanos y cuyas consecuencias eran irreversibles? Seguro que no. Pero, al menos, debía intentarlo.

–¿Has hablado con tu colegio? –le preguntó de sopetón.

–¿Qué quieres decir? –se sorprendió un poco ella.

–Estabas de exámenes, el final de curso está próximo...

–¡Ah, sí! En realidad yo no he hablado con el colegio, pero el colegio sí que ha hablado conmigo. Me han llamado muchas veces; el director, la jefa de estudios, algunos profesores... Además, me llaman a todas horas montones de compañeros, o me envían sms. Todos quieren ayudarme y animarme. Y te aseguro que, a pesar de las circunstancias, a veces lo consiguen. Los profesores me han dicho que no me preocupe por los exámenes ni por el curso.

–Tu expediente académico es extraordinario.

–Sí, supongo que eso debe de pesar.

–Claro.

–Además, me estoy dando cuenta de otras cosas: hay personas que no son de mi familia y que me quieren de verdad. Me lo están demostrando en estos momentos. Ayer vinieron a verme dos amigas de mi clase. Yo me sentía fuerte y,

2 **vislumbrar** alcanzar a ver apenas, ver de forma imprecisa – 13 **irreversible** que no puede volver a un estado o condición anterior – 26 **un expediente** documentos correspondientes a un asunto – 26 **extraordinario** que está más allá de lo normal, por encima de lo ordinario

sin soltar una lágrima, les conté lo que había sucedido y cómo estaba. Mientras hablaba, pude ver cómo sus ojos se llenaban de lágrimas y cómo se les quebraba la voz. Yo sé que en esos momentos compartían mi dolor, que lo hacían sinceramente y que estaban dispuestas a hacer cualquier cosa por ayudarme. Entonces me di cuenta: son mis amigas y me quieren de verdad.

-Yo estoy seguro de que hay mucha gente que te quiere de verdad -a Adrián solo le faltó añadir que él era otra de esas personas.

-Los profesores tienen razón, ahora no deben preocuparme los exámenes ni el curso -continuó Nuria-. Pero yo sé que sacaré este curso, y el que viene, y que llegaré a la universidad, y que estudiaré la carrera que siempre he querido estudiar. Y lo haré a pesar de todo lo que me está pasando. Yo lo sé. Estoy segura. Lo haré por mí misma y también por ella, por mi madre, que se sentiría orgullosa de mí.

-Yo también estoy seguro de que lo harás.

-¿Y tú? -Nuria de pronto cambió de tono, pues se dio cuenta de que sus propias palabras comenzaban a afectarla. Se quedó mirando a Adrián con un gesto de curiosidad.

-¿Yo?

-¿Harás en la vida lo que deseas hacer?

-Espero que sí.

-Eso significa que dudas.

-Nunca podemos estar seguros de nada.

-Es cierto, pero, a pesar de todo, tenemos que vivir la vida con certezas. Y fíjate quién te lo dice y en qué momento.

Adrián afirmó con un gesto exagerado de su cabeza.

-Sí.

-¿Qué?

9 **añadir** decir uc más, agregar – 20 **afectar** producir un determinado efecto o sensación, generalmente negativo – 29 **exagerado** excesivo, desmesurado

–¡Que sí! Que haré en la vida todo lo que desee hacer. Nada ni nadie me lo impedirán.

–¿Y qué deseas?

–A ti.

Aunque no era la primera vez que Adrián le manifestaba su amor, Nuria se sintió un poco turbada por la forma de decírselo. Se quedó mirándolo en silencio y le sonrió. A continuación, le acercó una de sus manos y le acarició las mejillas.

–Tú eres otra de las personas que también me ha demostrado que me quiere mucho.

–No quiero perderte, nunca.

Nuria amplió su sonrisa y se acercó un poco hasta conseguir darle un beso.

–Yo tampoco quiero perderte, nunca.

Se tumbaron boca arriba sobre la hierba, cogidos de la mano. Sus miradas recorrían las copas de los pinos, que casi se tocaban entre pedazos de cielo azul, el azul radiante de una tarde de primavera en Madrid. Nuria buscaba esos retazos de cielo y su mirada se abría paso entre la arboleda, quizá pensando que, en aquellos manchones azules, encontraría la claridad que buscaba con desesperación.

De pronto, comenzó a hablar en voz alta, como si lo estuviera haciendo para sí misma, aunque en realidad se estaba dirigiendo a Adrián. Incluso, le apretó algo más la mano.

–Ayer me preguntaste una cosa que me ha hecho pensar mucho –las palabras salían pausadamente de su boca–. Me dijiste que qué haría con los asesinos si los encontrase. No hago más que pensar en ello. Me los imagino una y otra vez delante de mí. Son figuras que no tienen rostro. Pero no dejo de pensar en tu pregunta: ¿cómo reaccionaré cuando esas figuras tengan

6 **turbado** confuso, sorprendido, desconcertado – 8 **una mejilla** relieve del rostro bajo los ojos (Wange) – 15 **tumbarse** echarse de manera horizontal – 15 **boca arriba** *loc* echado, tumbado sobre la espalda – 16 **una copa** ramas y hojas que forma la parte superior de un árbol – 17 **radiante** con mucha luz, brillante – 18 **un retazo** fragmento o trozo de uc – 19 **una arboleda** grupo de árboles, lugar con sombra y agradable – 20 **un manchón** *aum* **una mancha** parte de uc con distinto color del general o dominante

al fin rostro, nombre y apellidos? ¿Me limitaré a escupirles a la cara, a vomitarles todo tipo de insultos? ¿O sería capaz de algo más? ¿Sería capaz de esconder un cuchillo entre mis ropas y, aprovechando un descuido de la policía, abalanzarme sobre ellos y clavárselo en el corazón? Ojo por ojo. Ellos también me han clavado un cuchillo en el corazón. Lo pienso una y otra vez y no sé qué responderme.

–No te obsesiones con esos pensamientos –Adrián tuvo que hacer un esfuerzo para poder decir algo.

–Sí, quizá me estoy obsesionando –reconoció ella–. Lo primero es que esas figuras que veo delante de mí dejen de estar borrosas, se aclaren y pueda ver su rostro. El rostro de los asesinos.

Hacía un rato que Adrián había comenzado a sudar, a pesar de que corría por el parque un viento fresco que llegaba desde las cumbres de Guadarrama.

1 **escupir** echar líquido fuera por la boca – 4 **abalanzarse** lanzarse con fuerza en dirección a uc o up, ir hacia ella con rapidez y violencia – 12 **borroso** que no se distingue con claridad, confuso – 16 **una cumbre** parte más alta de un monte, cima

Miércoles, 07:45 horas

A Reyes le sorprendió un poco que su hermano se hiciera el remolón y la esperase para ir al instituto. Era verdad que la mayor parte de los días hacían juntos ese recorrido, sobre todo a la ida; pero la relación entre ellos se encontraba muy tensa y, cuando esto ocurría, solían preferir ir cada uno por su lado.

El primer tramo lo hicieron en silencio, sin ni siquiera mirarse. Caminaban con la certeza de ir juntos, pero sin la necesidad de comprobarlo. Fue Adrián el que rompió el silencio y, con él, las hostilidades. Su estrategia era lanzarse a tumba abierta y no detenerse ante nada. Ya era tarde para eso. Pensaba una y otra vez en la pregunta que la tarde anterior le había hecho Nuria: *¿harás en tu vida lo que deseas hacer?* Estaba claro que si miraba hacia atrás, no todo lo que había hecho era como para enorgullecerse; pero eso no debería impedirle tomar decisiones a partir de ahora, actuar, tratar de conseguir unas metas en la vida, como hacía Nuria a pesar de su dolor. Y su primera meta era no perder a su novia, de la que se sentía profundamente enamorado, y la segunda meta sería no tirar por la borda su futuro y, por consiguiente, su vida. Tenía que tener las ideas claras y actuar con decisión, con mucha decisión. Y como en algunos momentos se sentía dentro de un callejón sin salida, era urgente encontrar un resquicio por el que escapar, y sacudirse toda la porquería que se había echado encima y que le pesaba como si fuera diez veces más grande que él.

Se volvió resuelto hacia su hermana y le dijo de sopetón:

–¡Lo hicisteis tus amigas y tú!

–¿De qué estás hablando? –reaccionó de inmediato Reyes.

–Lo sabes de sobra. El sábado salisteis por la noche para grabar cosas con vuestros móviles.

3 **un remolón** que evita trabajar o realizar algo – 11 **a tumba abierta** *loc* con gran velocidad y peligro, sin reservas o prudencia – 15 **enorgullecerse** estar orgulloso – 20 **tirar por la borda** *loc coloq* malgastar el esfuerzo realizado, desaprovecharlo – 24 **una porquería** *coloq* suciedad, basura – 27 **resuelto** decidido, determinado, seguro

–No digas chorradas.

–No puedes negarlo. Saliste aprovechando que te quedaste sola en casa.

–Bueno, ¿y qué? –reconoció Reyes–. Puedes decírselo a papá y mamá. Asumiré las consecuencias de haber salido sin permiso y de tener un hermano gilipollas.

–No solo saliste, sino que también estuviste grabando con el móvil.

–Deliras. Yo que tú pedía hora en el psiquiatra, no estás bien de la cabeza.

–¿Vas a negarlo?

–¡Sí!

–Eres una mentirosa.

–¡Vete a la mierda!

–¿Quieres que entremos en internet y te enseñe las tonterías que habéis colgado? Sois unas aficionadas. Descubriros es la cosa más fácil del mundo. Si hasta se oyen con claridad vuestras voces.

Reyes se sintió acorralada por la inesperada acometida de su hermano. Rabiosa, se detuvo en seco.

–¿Y qué? –preguntó indignada–. Solo grabamos tonterías, lo admito; pero nos divierte grabar esas tonterías.

–Lo malo fue que la noche del sábado al domingo os pasasteis de la raya.

–Sé por donde vas y te equivocas. No fuimos nosotras.

–Todas sois alumnas del instituto.

–¡Te repito que no fuimos nosotras! –estalló Reyes–. ¡Y creo que tú eres quien mejor lo sabe!

–Yo solo sé que saliste de casa sin permiso, que quedaste con unas amigas y que estuvisteis grabando con el móvil.

–Eso no significa que…

–Eso significa que puedes ser sospechosa.

9 **delirar** perder el juicio o uso de la razón por una enfermedad o fuerte pasión – 19 **una acometida** ataque violento – 20 **rabioso** con rabia, furioso – 24 **pasarse de la raya** *loc* ir demasiado lejos con una acción o un comportamiento, superar un límite

–Yo nunca haría una cosa así –Reyes cambió de tono, pareció serenarse un poco y dio a sus palabras un tono reposado, como de gravedad–. Tengo sentimientos y principios. Y ni mis sentimientos ni mis principios me dejarían hacer una cosa así. ¡Sentimientos y principios! ¿Sabes de qué te estoy hablando?

–No cambies de tema.

–¡No estoy cambiando de tema! ¿Tú puedes decir lo mismo? ¿Tú tienes sentimientos y principios? Sé que solo soy una mocosa adolescente, pero al menos llego a comprender lo que está bien y lo que está mal, sé lo que es justo y lo que es injusto. Lo tengo muy claro en mi cabeza. Yo nunca haría una cosa así. A mí jamás se me pasaría por la cabeza una cosa así. ¿Te enteras? ¡Ni siquiera se me pasaría por la cabeza!

Reanudaron la marcha. Después de lo acalorado de las últimas palabras, se mantuvieron en silencio unos minutos. Volvieron a la situación del principio: caminaban juntos, pero se ignoraban por completo. Por la cabeza ordenada de Reyes pasaban demasiadas preguntas que no sabía responder, por eso fue ella la que rompió esta vez el silencio.

–¿Qué pretendes acusándome a mí? –preguntó.

Adrián se repitió mentalmente esa pregunta y trató de responderla, no a su hermana, sino a sí mismo. ¿Qué pretendía? En realidad, no tenía muy claro por qué la estaba acusando, haciendo gala de una hipocresía sin límites. ¿Qué buscaba? Sin duda, escapar de una vez del callejón sin salida. Pero ¿para escapar de ese callejón que tanto lo agobiaba, era capaz de trasladar su culpabilidad a otras personas, incluso a su propia hermana? La simple pregunta le produjo un escalofrío. Era verdad que casi siempre estaba discutiendo con Reyes, que le parecía una sabihonda insoportable, que le sacaba de sus casillas; pero de ahí a cargarle con la culpa de algo que no había hecho mediaba un abismo. En el fondo, él la

2 **reposado** quieto, tranquilo, sereno – 9 **un mocoso** *despect* niño o joven que pretende comportarse con una expriencia y valor que no tiene – 24 **la hipocresía** simular sentimientos o pensamientos contrarios a los que se tienen (Heuchelei) – 26 **agobiar** deprimir, preocupar, agotar

quería mucho. ¿Sería capaz de arruinar la vida de su hermana para limpiar la suya?

Como Reyes no obtuvo respuesta a su pregunta y como observó a su hermano debatiéndose interiormente, consideró que había llegado el momento de hablarle mucho más claro.

-Yo sí sé quiénes tiraron esa piedra, quiénes lo grabaron con el móvil y quiénes entraron en el instituto para difundirlo por internet -dijo con aparente calma-. No los vi hacerlo, pero estoy prácticamente segura. ¿Quieres que te diga los nombres?

-¿Vas a acusarme?

-Tú lo acabas de hacer conmigo.

-Y si hubiese sido yo, ¿me denunciarías? -la pregunta de Adrián impactó en Reyes, que no la esperaba.

-No está bien hacer una cosa así -Reyes negó con la cabeza-. No está bien hacer una cosa así.

-¡Respóndeme! -insistió Adrián, levantando la voz.

-Antes te decía que aquí, dentro de mi cabeza -y Reyes se llevaba las manos a la cabeza-, donde se organizan todas mis ideas, y mis sentimientos, y mi mundo entero, aquí dentro, yo sé lo que está bien y lo que está mal, lo que debo hacer y lo que no debo hacer. A veces, te lo juro, me jode tener las ideas tan claras. Pero no puedo evitarlo.

-No te vayas por las ramas.

-¡No me voy por las ramas, imbécil!

-¡Respóndeme!

-No está bien hacer una cosa así, no está bien... -y Reyes comenzó a llorar.

Adrián aceleró el paso y, casi a la carrera, se alejó de su hermana. No soportaba más aquella situación. Estaba claro que Reyes sospechaba de él y de sus amigos. Seguramente los vio aquella noche, pues prácticamente se habían movido por la misma zona. Tal vez se cruzaron en alguna parte y Reyes,

1 **arruinar** destruir, causar grave daño – 12 **denunciar** comunicar a la policía un hecho ilegal o delito – 23 **irse por las ramas** *loc* no ir directamente al asunto central que ocupa, no hablar de forma clara

que había salido sin permiso, se escondería para que no la viesen. De este modo, ella vio sin ser vista. Y vio a los tres amigos borrachos, dando tumbos, en dirección al Puente de los Franceses y la carretera de Castilla. El resto era fácil imaginarlo. Pero estaba claro que no tenía certeza absoluta y, lo que era más importante, ninguna prueba. Además, era su hermana y seguro que, en el fondo, a pesar de sus diferencias, le quería mucho. Tenía que seguir buscando una manera de salir de aquel embrollo. Era consciente de que no podía dar marcha atrás y que cualquier solución pasaba por dar un paso hacia delante; pero ¿en qué dirección?

Al llegar a las proximidades del instituto, vio a Borja. Le llamó y corrió hacia él. Le alegró encontrarlo solo, sin la compañía de Claudio. Cuando llegó a su altura, se detuvo en seco y resopló.

–¿Qué ocurre? –preguntó Borja, temiendo que Adrián supiese algo que él desconocía.

–Las cosas se están complicando.

–Pero ¿qué ha pasado? –la alarma de Borja crecía.

–No ha pasado nada.

–Entonces...

–Tenemos que encontrar una salida.

–¿Una salida? Tú dijiste que lo mejor era no hacer nada, fingir que no sabíamos nada, comportarnos como siempre...

–Lo sé. Pero a mí la situación me está agobiando mucho y...

–¿Y crees que a mí no me agobia?

–Pero es diferente.

–¿Por qué va a ser diferente? –se molestó un poco Borja.

Para que Borja comprendiese que su situación era distinta, tendría que contarle cosas que nunca le había contado y que nunca pensaba contarle, como que la mujer que yacía en coma en el hospital a causa del accidente era la madre de su novia, esa novia a la que los amigos ni siquiera conocían.

3 **borracho** bebido, alcoholizado – 3 **dar tumbos** *loc coloq* tener dificultades para andar y falta de estabilidad o equilibrio – 9 **un embrollo** situación molesta y difícil de solucionar – 23 **fingir** simular – 30 **yacer** estar tumbado – 30 **un coma** estado patológico que se caracteriza por la pérdida de conciencia, sensibilidad y movimiento

–A todos nos agobia la situación –rectificó, sobre todo para que su amigo no se enfadase más–. Por eso debemos encontrar una salida cuanto antes.

–Pero estábamos de acuerdo en que lo mejor era dejar pasar el tiempo. Dentro de dos o tres semanas el asunto se habrá olvidado. Siempre ocurre así.

–Yo no puedo esperar tanto.

–No podemos perder la cabeza. Somos culpables.

–¡Culpables! –Adrián se alteró al oír esa palabra, que pareció indignarle–. Culpables, ¿de qué? Yo creo que el culpable fue el conductor del coche, que no supo esquivar la piedra. Recuerda que el coche anterior la esquivó sin problemas, desplazándose al carril izquierdo; sin embargo, este trató de hacerlo por la derecha, y allí no había sitio. La culpa fue suya.

Borja, muy sorprendido, miraba a su amigo, sin entender muy bien el sentido de sus palabras. Pensó que tenía que estar muy obsesionado por lo ocurrido y por eso hablaba de aquella forma. Sus palabras trataban de negar la evidencia y para ello buscaban explicaciones que no tenían ni pies ni cabeza.

–A lo mejor iba borracho –continuó Adrián, a pesar de que sabía de sobra que Víctor, el padre de Nuria, era abstemio.

–En las noticias dijeron que le habían hecho la prueba de alcoholemia y dio negativo.

–Seguramente el aparato estaba estropeado.

–Los únicos borrachos éramos nosotros.

Borja estaba perplejo, sobre todo por el desconcierto que notaba en su amigo. Adrián era el líder indiscutible, pero ¿qué sucedería si el líder comenzase a desvariar y a perder el sentido común? Y eso era lo que parecía estar sucediendo.

–Tenemos que aceptar que somos culpables –recapacitó Borja.

–¡Yo no soy culpable! –reaccionó violentamente Adrián.

1 **rectificar** corregir, perfeccionar – 9 **alterar** inquietar, enfadar – 10 **indignar** enfadar vehementemente por una acción injusta – 12 **desplazar** mover, cambiar de lugar – 19 **no tener uc ni pies ni cabeza** *loc coloq* ser absurdo, sin sentido – 21 **abstemio** que no bebe bebidas alcóholicas – 24 **estropear** echar a perder, hacer que no funcione – 28 **desvariar** delirar, decir locuras o incoherencias

–Lo somos los tres.

–¡Yo no!

–Otra cosa diferente es que hayamos decidido no reconocer nuestra culpa y tratemos de no ser descubiertos –Borja quería hacerle reaccionar–. Tú lo dijiste muy claramente: no podemos consentir que destrocen nuestras vidas. Pero nadie va a librarnos nunca de los remordimientos. Y eso lo tenemos que tener muy claro.

Borja, por primera vez, sintió que los papeles se estaban cambiando. Ahora él parecía el líder, el sensato, el que mantenía la sangre fría, el que razonaba a pesar de la adversidad... No le agradaba su nuevo papel, siempre se había sentido más cómodo a la sombra del amigo; pero si Adrián seguía con aquella actitud, alguien tendría que tomar las riendas de la cordura.

Claudio se acercaba en esos momentos hacia la entrada del instituto, al ver a los amigos se dirigió resuelto a su encuentro. Al darse cuenta de sus intenciones, Adrián pareció incomodarse más de lo que ya estaba, como si le molestase mucho su presencia.

–Tú y yo tenemos que hablar tranquilamente –le dijo a Borja.

–Sí, claro. Es bueno que lo hagamos. Si hablamos, si nos vemos, si estamos juntos, nos sentiremos mejor y más seguros.

–Me refiero a ti y a mí –insistió Adrián.

–¿Y Claudio?

–Sin el tocapelotas.

–Bueno, como quieras –aceptó Borja.

–Esta tarde, a las siete y cuarto. En el río.

–De acuerdo.

6 **consentir** permitir, dejar hacer uc a up – 7 **un remordimiento** mala conciencia – 10 **sensato** razonable, serio, reflexivo – 12 **la adversidad** mala suerte, desastre, desfavorable (en contra de lo que se desea) – 15 **tomar las riendas** *expresión fig* dirigir, tener el control y la responsabilidad, ser el líder – 15 **la cordura** ≠ locura; sensatez

Claudio llegó finalmente a la altura de los amigos y les saludó con un aparatoso movimiento de sus brazos.

-Hola.

Adrián ni siquiera le respondió. Sin disimular su malestar, se dio media vuelta y se alejó a toda prisa de allí. Claudio, sin entender nada, le siguió con la mirada. Luego, se volvió a Borja.

-¿Qué le pasa?

-Nada.

-¿Ha ocurrido algo?

-No. Todo sigue igual.

-Entonces...

-Está nervioso, como tú y como yo.

-¿Seguimos con nuestro plan?

-Por supuesto.

Borja y Claudio se dirigieron hacia la entrada del instituto. La afluencia de alumnos era masiva. Solo quedaban cinco minutos para el comienzo de las clases. Pronto, se integraron en un grupo numeroso y se perdieron en un mar de cabezas y mochilas.

1 **a la altura de** *loc* al mismo nivel, en el punto donde está situada uc o up – 5 **una media vuelta** volver el cuerpo poniéndolo de frente hacia la parte que estaba antes a la espalda – 17 **una afluencia** ir gran cantidad de personas hacia un lugar; estar allí – 17 **masivo** relativo a masas humanas; en gran cantidad o número – 18 **integrarse** unirse a un todo o grupo para formar parte de él

Miércoles, 19:15 horas

Con decir el río era suficiente. Rodeaba todo el barrio y atravesaba la ciudad; pero para ellos quedar en el río era quedar en un punto exacto, antes de cruzar el puente de la ermita de San Antonio de la Florida, a la derecha, en un paseo ajardinado, junto a la barandilla de hierro que delimitaba el canal por donde transcurría el agua. Daba igual unos metros más arriba o más abajo. Ese era siempre el lugar de encuentro. El río. Ese río que parecía artificial, casi como el estanque de un parque de atracciones. Un río inmóvil, o más bien inmovilizado, como se inmoviliza a un enfermo para que se recupere.

Cuando Borja llegó al lugar, Adrián ya estaba esperando. Nada más verlo se acercó a él y le dijo que sería mejor cruzar el puente y dar una vuelta por la otra orilla. Así evitarían posibles encuentros con otros amigos del barrio, que tal vez se encontrasen por allí; quién sabe si con el mismo Claudio.

Borja obedeció sin rechistar y siguió a su amigo. Él no quería asumir el papel de líder, prefería seguir en segundo plano, como siempre; en esa posición se sentía más cómodo y mucho más seguro. Por tanto, esperaba que el cambio de actitud que había notado por la mañana en Adrián no repercutiese demasiado en él. Además, tenía mucha curiosidad por saber qué quería decirle el amigo, por qué había preferido verlo solo a él y prescindir del tercer implicado. ¿Había descubierto algo que él aún no sabía?

Cuando Adrián consideró que se habían alejado lo suficiente, comenzó a hablar. Y lo hizo sin rodeos, planteando abiertamente lo que le obsesionaba.

–Tenemos que cerrar el caso cuanto antes –dijo.

7 **transcurrir** pasar – 9 **un estanque** pequeño lago, depósito artificial de agua (Teich) – 18 **obedecer** ≠ mandar, ordenar; hacer lo que dice up – 18 **rechistar** responder, empezar a hablar para protestar o enfrentarse – 22 **repercutir** causar un efecto, influir – 25 **implicarse** participar en algo, formar parte de ello

–¿Cerrar el caso? –se sorprendió Borja por esas palabras–. Así es como habla la policía.

–Da igual, nosotros también podemos hablar así.

–Pero ¿qué quieres decir?

–Cerrar, dar carpetazo, que no se vuelva a hablar, que se olvide, que todo el mundo se dé por satisfecho...

–Eso no será tan fácil.

–Solo tendríamos que encontrar a unos culpables.

Borja se quedó boquiabierto al escuchar las palabras de Adrián. En un primer momento pensó que no le había oído bien, o que no había captado su intención.

–¿Qué has dicho?

–Buscar a unos culpables –repitió Adrián como si tal cosa.

–¿Olvidas quiénes son los culpables?

–Nosotros dejaríamos de serlo si encontramos a otros.

–¿Estás bien?

–Sí.

–Me da la sensación de que no sabes lo que estás diciendo.

–Lo sé perfectamente.

–Pues no te entiendo. Y te aseguro que a mí también me gustaría cerrar el caso, como tú dices. Olvidarlo por completo. Me siento muy nervioso a todas horas y tengo miedo, mucho miedo. Un miedo diferente a todos los miedos que había sentido hasta ahora.

–¿Crees que yo estoy tranquilo?

–No, no lo estás, por eso piensas esas cosas tan raras.

–Te aseguro que no pienso cosas raras.

–Pues a mí me lo parecen.

–Solo trato de salvarme.

Borja seguía sin comprender a su amigo. Desde luego, su actitud había experimentado un cambio notable. Había pasado de recomendar calma, tranquilidad, dejar pasar el tiempo,

5 **dar carpetazo** *loc* dar por terminado un asunto, cerrarlo, no seguir con ello – 9 **boquiabierto** con la boca abierta por sorpresa o admiración – 11 **captar** comprender, percibir, entender – 13 **como si tal cosa** *loc coloq* como si no hubiera pasado nada, tranquilamente, sin darle importancia

a mostrar demasiada impaciencia. Además, no acababa de captar el sentido de sus palabras, lo que de verdad quería expresar con ellas.

–¿Qué propones hacer? –le preguntó abiertamente.

–¿Tú quieres salvarte también?

–Por supuesto.

–Pues es sencillo, solo tenemos que buscar a los culpables.

–¿Y a quién señalaríamos?

–A Claudio.

Borja se quedó boquiabierto al oírle pronunciar el nombre del amigo.

–¿Claudio? –preguntó, aún incrédulo.

–Sí, Claudio, el tocapelotas.

–Es mi amigo, yo no podría acusarle –Borja era un mar de confusión–. Sería una traición.

–Sería una forma de salvarnos.

–Yo ya tengo mala conciencia. Si además le cargamos el muerto a Claudio, no quiero ni pensarlo. Creo que no podría dormir tranquilo el resto de mi vida.

–Quizá no pudiésemos dormir un día, o dos, o una semana... ¡Pero nos salvaríamos! Y la salvación nos devolvería el sueño y otras muchas cosas. La vida es así. El mundo es así.

–Eso es la ley de la selva.

–¡Eso es el mundo, entérate de una vez! Y nosotros no lo hemos hecho así. Ya estaba todo inventado cuando nacimos.

–Pero contribuiremos a hacerlo aún peor.

–Será mucho peor si nos descubren.

Borja se pasó las palmas de las manos por la cara, como si con este gesto quisiera aclarar ese cúmulo de pensamientos que daban vueltas dentro de su cabeza. Se separó un poco de Adrián, como si su presencia le incomodase; incluso dio unos

12 **incrédulo** que no cree fácilmente – 17 **cargar** señalar a up como culpable de un delito, culpar – 18 **un muerto** *coloq* responsabilidad, culpa, cargo – 23 **la ley de la selva** *expresión* la ley del más fuerte, cuya fuerza le da derecho o razón – 29 **un cúmulo** montón, grupo de cosas sin orden – 31 **incomodar** poner incómodo, intranquilo

pasos en una dirección y, luego, en la contraria. Por último, volvió a mirar a su amigo, pero manteniendo cierta distancia.

-Suponte que lo hacemos -le dijo-. Suponte que acusamos a Claudio. Él, al verse acusado, nos acusará a nosotros. No va a quedarse cruzado de brazos. Además, se cagará de miedo y lo contará todo.

-Será su palabra contra la nuestra -le replicó de inmediato Adrián, como si ya hubiese pensado en esa posibilidad-. Será el testimonio de una persona contra el de dos.

El asombro y, con él, el desconcierto iban creciendo en Borja de manera imparable, sin tregua, sin respiro. Necesitaba tiempo para asimilar lo que estaba pasando, para reflexionar, para replicar a su amigo. Pero Adrián insistía una y otra vez. Y él se sentía entre la espada y la pared, y por primera vez entendió el significado exacto de esa expresión. La espada y la pared. Desde el primer momento los tres estaban entre la espada y la pared, pero ahora sentía que ese cerco se estrechaba aún más sobre él.

-Suponte que lo hacemos -Borja repitió las mismas palabras-. Suponte que acusamos a Claudio. Pero él no pudo hacerlo solo. Como mínimo se necesitaban dos personas. Y la policía lo sabe.

-No debemos preocuparnos por esa segunda persona. Quizá no aparezca nunca esa segunda persona, o quizá sí. Lo importante es que nosotros quedemos excluidos, ¿lo entiendes? Solo así podremos cerrar el caso.

Borja volvió a separarse de Adrián. Su alteración era cada vez más visible. Se dirigió a un banco de madera y se sentó en el respaldo. Los antebrazos apoyados sobre los muslos y la cabeza baja, casi a la altura de las rodillas. Así estuvo un buen

5 **cagarse** *vulg coloq* tener mucho miedo, morirse de miedo – 9 **un testimonio** declaración, afirmación de la verdad de uc – 10 **el asombro** sorpresa, extrañeza – 14 **entre la espada y la pared** *loc coloq* en una situación de conflicto en la que hay que elegir sin poder escapar – 15 **una espada** cuchillo largo, daga – 25 **excluir** dejar fuera, negar la posibilidad de uc – 30 **una rodilla** articulación que sirve para doblar la pierna (Knie)

rato, sin moverse. Cuando al fin levantó la cabeza, se limitó a hacer una pregunta:

–¿Serías capaz de arrojar a la hoguera a un amigo con tal de librarte tú?

–Hace unos días hubiese respondido que no.

–¿Y ahora?

–Ahora todo ha cambiado.

–Sí, todo ha cambiado; pero te aseguro que yo no sería capaz de hacerlo.

Adrián, resuelto, se acercó hasta el banco donde permanecía Borja. Se encaró a él.

–¿Quieres que te recuerde lo que nos pasaría si nos descubren?

–Lo sé.

–Aún no hemos cumplido los dieciocho, así que nos libraríamos de la cárcel. Pero no nos libraríamos de otras cosas. Nos encerrarían de igual manera. Nos juzgarían y nos condenarían. Todo el mundo se enteraría y ya nunca volverían a mirarnos de la misma manera. No volveríamos nunca a ser los mismos.

–Te he dicho que lo sé.

–Y a pesar de todo...

–A pesar de todo eso, no podría arrojar a Claudio a la hoguera. Tampoco podría arrojarte a ti. O nos lanzamos los tres a las llamas o tratamos de salvarnos juntos.

–Muy romántico –el tono de Adrián quiso ser burlón.

–Piensa lo que quieras.

–Yo solo pienso una cosa: haré lo que sea para salvarme.

–¿Por qué no sigues hablando en plural?

–Mi caso es distinto.

–Pero... ¿cómo puedes decir eso?

3 **una hoguera** fuego al aire libre – 17 **encerrar** meter y guardar dentro de un lugar – 17 **juzgar** analizar para tener una opinión propia sobre la culpa o inocencia de up – 18 **condenar** juzgar a up como culpable – 26 **burlón** que hace burlas, con tendencia a reírse de otros o a hacer bromas

–¡No puedes entenderlo! ¡No podéis entenderlo! ¡Nadie puede entenderlo!

–Cálmate.

–¡Yo necesito salvarme!

Adrián, después del estallido, negó repetidas veces con la cabeza y dio por terminada aquella conversación. Era evidente que no podía seguir hablando del asunto. Se limitó a despedirse de Borja con un movimiento de uno de sus brazos y se alejó a toda prisa del lugar.

Borja aún se quedó un rato sentado en el banco de madera, en la misma posición, inmóvil. El torbellino de su mente se agitaba sin cesar, sobre todo después de haber sido removido por las palabras de su mejor amigo. No habían cesado la preocupación, el nerviosismo, incluso la angustia; pero se sentía bien por haber hablado con claridad, por haber expresado sus ideas y sus sentimientos a la vez. Se dio cuenta de que, en contra de lo que pensaban todos, él no era la sombra de Adrián. Al contrario, había demostrado que tenía su propio criterio.

Saltó del banco y se dirigió hacia su casa. Por el camino pensaba que Adrián estaba más afectado de lo que parecía, de lo contrario no podía entender su reacción. No reconocía a su amigo y solo encontró una explicación en el hecho de que los tres estaban viviendo una situación límite. Sí, él también estaba deseando cerrar el caso, como decía Adrián, echar el telón sobre aquella función macabra y olvidarse de una vez de lo sucedido. Todo eso les estaba alterando, pero, sorprendentemente, parecía alterar más al líder, que era quien debía planear la estrategia, recomendar calma y aportar un poco de cordura.

Poco antes de llegar a su casa volvió a cruzarse con Adrián, que se marchaba en su moto. Le saludó con sus dos manos,

18 **una sombra** *coloq* up que sigue a otra por todas partes – 26 **un telón** tejido grande en el escenario de un teatro que puede subir o bajar – 26 **una función** obra teatral, espectáculo público – 26 **macabro** relacionado con la muerte y con las sensaciones de horror y desagrado que suele provocar – 29 **aportar** ofrecer, dar

pero él no le devolvió el saludo, a pesar de que era imposible que no le hubiese visto.

El recorrido en moto desde su casa hasta el hospital Clínico ya empezaba a convertirse en algo habitual para Adrián. Había telefoneado a Nuria y ella le había confirmado que se encontraba allí. Por un lado, le apetecía verla; pero también sentía miedo de estar a su lado, miedo de que ella notase algo raro, miedo de que le hiciese preguntas incómodas.

Se la encontró en el vestíbulo principal, acompañada de su padre. Estrechó la mano a Víctor y besó a Nuria. Luego, y aunque conocía de antemano la respuesta, hizo la pregunta de rigor:

–¿Cómo está?

–Igual –respondió Víctor–. Son las máquinas las que la mantienen viva. Hoy he pedido a los médicos que desenchufen todas esas máquinas, que la dejen morir en paz. Sé que es lo que ella desearía. Pero hasta eso es complicado.

–Yo quiero que las máquinas la mantengan viva –le replicó Nuria, con los ojos llenos de lágrimas–. Al menos puedo verla, tocarla, sentirla... Sé que no hay esperanza y que se va a morir. He tratado de asumirlo. Pero quiero retrasar ese momento. Cada nuevo día lo primero que pienso es «que no ocurra hoy, por favor».

Desolado, Víctor negó con la cabeza.

–Voy un rato a la cafetería –les dijo–. ¿Queréis tomar algo?

Nuria y Adrián cruzaron una mirada.

–Daremos un paseo –contestó ella.

Y como en otras ocasiones, salieron del hospital y pasearon por las inmediaciones. Caminaban abrazados por la cintura, muy juntos. Él, como el novio ejemplar, modélico, le decía

1 **devolver** corresponder, responder (a una visita, un saludo, *etc*) – 9 **un vestíbulo** portal que está a la entrada de un edificio – 11 **de antemano** *loc* anteriomente, con anticipación – 12 **de rigor** *loc* obligatorio, que se hace por costumbre, porque es lo normal – 21 **retrasar** dejar para más tarde, retardar – 24 **desolado** triste, sin consuelo – 30 **modélico** que sirve o puede servir de modelo

hermosas palabras de consuelo. Ella volvía a agradecerle su presencia, su aliento, su apoyo. Y se abrazaban y se besaban.

Justo cuando Adrián, una vez más, se decía a sí mismo que no quería perder a Nuria, ella le hizo la pregunta que más le incomodaba, la pregunta que le devolvía a la vida real, a la más cruda y descarnada vida real.

–¿Has averiguado más cosas?

La pregunta rompió el hechizo. Adrián volvió a sentirse incómodo, aunque hacía esfuerzos para que no se le notase. En realidad, no sabía qué responder, pues se temía que ninguna respuesta iba a resultar satisfactoria.

–No –respondió al fin.

–Pero... ¿sigues sospechando de las mismas personas? –Nuria no podía evitar la insistencia.

–Solo son sospechas.

–Necesito que me cuentes más.

–Con certeza no sé nada.

–No importa.

–Algunas chicas de primero graban cosas con sus móviles –cuando Adrián se decidió a hablar notó que su cuerpo se ponía tenso y comenzaba a sudar–. Y en mi clase hay un chaval..., un poco..., no sé, un poco tocapelotas...

–¿Qué quieres decir?

Adrián soltó a su novia y se separó ligeramente. Se sentía muy alterado y pensaba que ella iba a notarlo.

–No he podido averiguar nada más –trató de zanjar el tema–. No es fácil.

Ella no quiso insistir, y él encontró la excusa para cambiar de tema.

–Vamos a tomar un helado –se limitó a decir.

1 **el consuelo** apoyo que recibe up cuando tiene problemas o está triste (Trost) – 6 **crudo** cruel, duro – 6 **descarnado** expresión cruda y directa de un asunto duro o desagradable – 8 **un hechizo** influencia mágica que produce control o fascinación sobre el hechizado

Y ella le siguió, aunque en su mente trataba de imaginarse a unas niñas de primero grabando con sus móviles y a un chaval que era un tocapelotas. Pero... ¿qué quería decir tocapelotas?

Miércoles 22:15 horas

Cuando llegó a casa, su familia estaba viendo la tele en el salón. Su padre y su madre ocupaban cada uno su sitio en el sofá, ese sitio que no dejaban que nadie les usurpase. Reyes se había sentado en el suelo, recostada sobre el lateral de una butaca, y su mirada saltaba de la pantalla del televisor a la de su móvil, sin que ninguna de las dos la atrapase definitivamente.

-Hola -saludó desde la puerta, sin decidirse a entrar.

-Ha quedado algo de cena en el horno -le dijo su madre-. Caliéntala un poco.

-No tengo hambre, he comido un helado con Nuria.

Adrián dudó otra vez. No sabía si acomodarse con ellos en el salón o marcharse a su habitación. Y esa duda, aunque él no podía darse cuenta en esos momentos, iba a ser decisiva para precipitar al vacío todas las cosas que durante los últimos días había intentado contener. Bastaron esos segundos de duda, de inmovilidad junto a la puerta, para que su padre le hiciese una pregunta, la pregunta más lógica y natural:

-¿Qué tal sigue la madre de Nuria?

-Igual. Ya os dije que los médicos no le dan ninguna esperanza. Víctor, su marido, quiere que le desconecten de las máquinas que la mantienen viva.

-¡Dios santo! -exclamó la madre.

-Es lo mejor que pueden hacer -razonó el padre-. Así se evitarán sufrimientos inútiles. Si yo estuviese en su lugar, me gustaría que hiciesen eso conmigo.

-¡Calla, calla!

Reyes, que escuchaba atentamente, se decidió a intervenir:

-Es difícil ponerse en el lugar de los demás -sentenció.

4 **usurpar** quedarse con una propiedad que legítimamente pertenece a otro – 7 **atrapar** *coloq* fascinar, despertar interés; no dejar irse, escapar – 7 **definitivamente** finalmente, por fin, decididamente – 12 **dudar** no estar seguro de uc – 15 **precipitar** echar, arrojar, lanzar – 15 **un vacío** abismo, hueco o espacio muy profundo – 16 **contener** reprimir, sujetar, frenar un impulso o emoción – 29 **sentenciar** expresar una opinión o juicio

Adrián le clavó la mirada, como preguntándole adónde quería ir a parar con esa frase, que seguramente había leído en alguna de sus novelas cursis.

–Sí, es difícil –reconoció el padre.

Pero cuando Reyes empezaba, lo realmente difícil era que supiera, o quisiera, detenerse.

–Por ejemplo, trata de ponerte en el lugar de los padres de los chicos que tiraron la piedra –le dijo a su padre.

Adrián hubiese saltado sobre su hermana como un felino y la hubiese clavado los colmillos directamente en la yugular. Pensó que el colmo de sus desdichas era tener una hermana como ella. ¿Por qué no mantenía la boca cerrada? ¿Por qué no desenchufaba la máquina de su cerebro y dejaba de elucubrar?

–Ayer ya me preguntaste algo parecido mientras desayunábamos –respondió el padre a la hija–. ¿De verdad quieres que imagine que Adrián tiró esa piedra?

Entonces intervino Adrián, que no quería dejarse avasallar:

–¡O ella! –casi gritó sin darse cuenta–. ¡Reyes también pudo hacerlo!

–Dejad de decir de bobadas –terció la madre.

El padre se llevó ambas manos a la nuca y echó la cabeza hacia atrás, como si le doliesen las cervicales. Luego, cruzó las piernas y resopló.

–Si lo pienso fríamente, no sé lo que haría –reconoció.

–¿Qué quieres decir? –insistió Reyes.

–Ante un hecho así, todo el mundo se pone del lado de la víctima. Es lo normal. Tú, sin embargo, me pides que me ponga

2 **dónde va a parar up con uc** *loc coloq* se pregunta qué quiere decir, dar a entender, terminar expresando (al fin); **parar** ir a dar a un término o llegar al fin – 3 **cursi** afectado, *kitsch*, que con apariencia de elegancia o estilo es ridículo y de mal gusto – 9 **un felino** animal de la familia de los gatos (como el león, el tigre, *etc*) – 10 **un colmillo** Eckzahn, Reißzahn – 10 **una vena yugular** cada una de las que hay a uno y otro lado del cuello y que recogen la mayor parte de la sangre del cerebro – 11 **ser uc el colmo** *loc coloq* haber llegado a tal punto que razonablemente no se puede superar, ir más allá – 13 **elucubrar** imaginar sin mucho fundamento ideas complicadas con apariencia de profundidad – 17 **avasallar** dominar, mandar, hacer obedecer – 21 **una nuca** Genick – 22 **una cervical** *pl* pequeños huesos de la columna vertebral (Halswirbel)

en el lado opuesto. Y es difícil. La justicia por un lado, pero los sentimientos por otro. Para un abogado, como yo, sería muy duro tener un hijo delincuente. No quiero ni pensarlo.

–¿Antepondrías los sentimientos a la justicia?

–¿Por qué preguntas tanto? –el padre pareció incomodarse un poco.

Adrián pensó que esta simple queja bastaría para acallar a su hermana, pero se equivocó.

–Yo soy así –siguió Reyes–. ¿Lo habías olvidado?

–No, hija, no. Imposible olvidarlo.

–Si hubiese sido Adrián, ¿qué le pasaría?

Adrián deseó fervientemente tener poderes sobrenaturales, como los héroes de sus videojuegos, y fulminar con un rayo a su hermana, pero de tal manera que no quedase ni rastro de ella. Una explosión, una nubecita de humo y... ¡nada! Si tuviera una pistola con un rayo de esas características, no dudaría en disparar.

–Adrián no ha cumplido dieciocho años –continuó el padre dando explicaciones a la hija–. No iría a la cárcel, pero no se libraría de un centro de reclusión. Habría un juicio y todo eso. Un gran impacto mediático, eso seguro. Me refiero a las televisiones, las emisoras de radio, los periódicos... Todo el mundo opinando y juzgando. Un hecho así destrozaría su vida y posiblemente la vida de las personas que le rodean. Quedarían marcadas para siempre.

–En ese caso, ¿tú lo consentirías?

El padre estaba visiblemente incómodo con la conversación, quizá porque le estaba haciendo perder el hilo de la película que estaban viendo; pero no podía ceder al acoso de su hija, que antes de que hubiese formulado su respuesta ya tenía preparada una nueva pregunta.

–¿Lo consentirías? –repitió.

1 **opuesto** contrario, en oposición – 3 **delincuente** que comete delitos – 4 **anteponer** preferir, dar más importancia – 12 **fervientemente** con entusiasmo, pasión, intensidad – 21 **un impacto** golpe emocional producido por una noticia impresionante – 28 **perder el hilo** *loc* olvidarse de lo que se estaba exponiendo en una conversación o discurso por no estar atento

–Consentir... ¿qué?

–Pues que Adrián fuese a la cárcel, tuviese un juicio, todo el mundo hablase de él.

–Creo que no –respondió finalmente el padre–. Y no me preguntes ahora qué haría, porque no lo sé. Pero no consentiría que mi familia saltase en pedazos, como si hubiese pisado una mina.

–¿Y la justicia?

–En ese caso me daría igual la justicia.

Las últimas palabras de su padre desconcertaron a Reyes, que no fue capaz de continuar preguntando. Julio era abogado, y desde que ella tenía uso de razón, la palabra justicia era una de las que más se repetían en su casa. Y precisamente esa palabra le había ayudado a comprender muchas cosas que pasaban a su alrededor: asuntos sobre la sociedad, tan compleja; cosas de la vida... «El mundo está lleno de injusticias, pero siempre debemos luchar por la justicia». Esas palabras, que no se había inventado Reyes, sino que se las había oído pronunciar muchas veces a su padre, le habían ayudado a ser ella misma. *Justicia. Injusticia.* Eso era lo que diferenciaba a unos seres humanos de otros, lo que diferenciaba el mundo de los buenos del mundo de los malos.

Adrián percibió el silencio de su hermana como una victoria. Por fin se había quedado sin argumentos. Entonces decidió sentarse en una de las butacas y tomar el relevo de Reyes. Pero sus preguntas no pretendían conocer cosas que desconocía. Sus preguntas eran sobre todo una venganza. Ya que no poseía el rayo destructor, mortificaría a su hermana de la misma manera que ella le había mortificado a él.

–Y si hubiese sido Reyes, ¿qué le pasaría? –preguntó a su padre.

6 **saltar** explotar, hacer explosión – 6 **en pedazos** *loc* por partes, en porciones o trozos – 7 **una mina** bomba que, enterrada o escondida, produce su explosión al ser tocada por up, vehículo, *etc* – 25 **un relevo** ocupar el lugar de up – 28 **destructor** que destruye – 28 **mortificar** angustiar, molestar, atormentar

–¿Ahora empiezas tú? –se quejó Julio–. Estamos apañados. No me estoy enterando de la película.

–También pudo hacerlo ella, o alguien como ella –Adrián ignoró la queja del padre.

Reyes acusó el impacto de inmediato. No pudo disimularlo. Cambió el gesto de su cara y se apoderó de ella una gran inquietud. Su estado natural era la ofensiva, al ataque; pero cuando ella era la atacada, se resentía de inmediato. No estaba acostumbrada.

–Su caso sería distinto –respondió el padre, sin apartar la vista del televisor.

–¿Por qué?

–Es una niña. No podrían juzgarla.

–Entonces sería mejor acusar a Reyes.

–Sí, sería más... cómodo –afirmó el padre–. Aunque a ella le podría afectar mucho, psicológicamente.

Reyes veía con claridad las intenciones de su hermano. Ya no le cabía la menor duda: él y sus amigos habían tirado la piedra y provocado el accidente, y ahora quería acusarla a ella porque, sencillamente, aún era una niña para ser juzgada y condenada. Para la justicia podía considerarse una niña, pero ella no se veía así; tenía trece años y las ideas muy claras. Cualquier cosa menos una niña.

–Toda la familia... sufriría menos, ¿no es eso? –continuó Adrián, sin dejar de mirar de reojo a su hermana, regodeándose del castigo que le estaba infligiendo.

–Hay muchos tipos de sufrimiento –trató de razonar su padre–. Y algunos no se pueden mitigar con nada. Pero quizá tengas razón, y ahora estoy pensando como abogado, no como padre.

1 **estar o ir apañado** *loc irón coloq* estar equivocado en lo que se cree y espera o que se encuentra en una situación complicada o incómoda – 8 **atacar** luchar, ir al ataque – 8 **resentirse** debilitarse – 17 **una intención** objetivo, meta – 18 **caber** ser posible; haber lugar – 25 **regodearse** *coloq* tomarse tiempo para disfrutar de uc que gusta; sentir satisfacción por el dolor o mal de otros – 26 **infligir** poner castigos, causar daños – 28 **mitigar** suavizar, disminuir algo duro

–Entonces acusaremos a Reyes –dijo Adrián, tratando de esbozar una sonrisa que diese un carácter burlón a sus palabras.

–No me gustan esas bromas –intervino la madre, molesta–. ¿No podéis hablar de otra cosa?

–No estoy diciendo que lo haya hecho ella, pero pudo hacerlo –continuó Adrián con el mismo tono, que más que burlón resultaba cínico–. Solo estamos suponiendo cosas.

–¡Yo no he sido! –Reyes no pudo contenerse más y estalló.

Adrián, en el fondo feliz porque su venganza se estaba cumpliendo, continuó hurgando en la herida.

–Solo he dicho que pudiste hacerlo, hermanita.

–¡Yo no he sido! ¡Yo no he sido! –Reyes estaba muy alterada, a punto de perder los nervios.

–¡Basta ya! –la madre quería dar por terminada aquella absurda discusión.

–¡Pudiste hacerlo porque saliste sin permiso esa noche con tus amigas y estuvisteis grabando con el móvil!

Y Adrián lo consiguió, sin prever las consecuencias, unas consecuencias que iban a caer directamente sobre él de manera despiadada.

–¡Yo no he sido! –Reyes hablaba, o más bien gritaba, o más bien se desahogaba, al tiempo que un borbotón de lágrimas había estallado en sus ojos y se precipitaba por sus mejillas–. ¡Ha sido Adrián! ¡Yo le vi! ¡A él y sus amigos! ¡Los tres borrachos! ¡Iban hacia la carretera de Castilla!

Adrián podría haber reaccionado, pero no lo hizo. No pudo. Algo misterioso que se encontraba dentro de él se lo impedía. Le impedía hablar y, por consiguiente, contestar a su hermana; le impedía dar marcha atrás y dejar las cosas como estaban antes de la discusión; le impedía moverse, incluso hacer un leve gesto con su rostro, un gesto que diese a entender

14 **perder up los nervios** *loc coloq* perder el equilibrio emocional, la serenidad – 19 **prever** imaginar qué va a pasar antes de que ocurra y prepararse para ello – 23 **desahogar** liberar una pasión o preocupación que intranquilizaba – 23 **un borbotón** salir agua de abajo hacia arriba elevándose sobre la superficie

alguna cosa, alguna preocupación o algún sentimiento. Nada. Por un instante, tuvo la impresión de que alguien le había desconectado también de la máquina de la vida; lo raro era que siguiese respirando, lo raro era que su corazón no dejase de palpitar, lo raro era que hubiese empezado a sudar.

A pesar de que el televisor continuaba encendido, se produjo un silencio impresionante; un silencio que se iba espesando por momentos, que se volvía duro, como una roca, como esa piedra que se había estrellado contra el asfalto en medio de la noche, un segundo antes de que un coche pasase por la carretera.

Solo al cabo de un buen rato, Julio apagó el televisor con el mando a distancia, se levantó del sofá y se acercó a la butaca donde se encontraba su hijo, o lo que quedaba de él. Lo agarró por los brazos y, como si fuera un pelele, lo puso de pie, frente a él. Le habló despacio, sin subir su tono de voz, con aparente calma.

–Ahora mismo vas a contarnos a todos lo que pasó. Habla. Estás con tu familia. Habla. Tu familia te protegerá mejor que nadie.

Reyes se había refugiado entre los brazos de su madre y seguía llorando, desconsolada. La madre, como si se hubiese contagiado de la hija, o como si previese algo terrible, también comenzó a llorar.

Adrián ya no podía oponer ninguna resistencia. Se dio cuenta de que toda la tensión que había mantenido durante los últimos días se desvanecía de repente, y con ella perdía las fuerzas y hasta la voluntad. Era como si hubiese terminado un duro combate con la certeza absoluta de que había perdido. Ya no tenía más opciones.

–¡Habla! –le apremió su padre.

5 **palpitar** dar latidos el corazón, moverse, golpear – 7 **espesar** *fig* hacer más denso, compacto, unido; *aquí:* angustiar, inquietar – 23 **contagiar** *fig coloq* parecerse en su forma de ser por la cercanía (como una enfermedad que se inocula) – 27 **desvanecer** desaparecer, borrarse, difuminarse

El problema era precisamente ese, hablar. Sabía que no le quedaba más remedio que contarlo todo, pero no sabía por dónde empezar. Las palabras parecían hacerle un quiebro y no se dejaban atrapar, y sin ellas, las ideas eran un caos dentro de su cerebro. Pero cerró los ojos, apretando con fuerza los párpados, y comenzó. Al principio, casi no era consciente de lo que estaba diciendo, pero enseguida el relato fue ganando en claridad y los hechos se fueron sucediendo en orden, encajando unos con otros a la perfección, con la lógica aplastante de la realidad. Sobre todo, Adrián era consciente de que lo que salía de su boca era la vida real, un fragmento de vida real, un zarpazo de vida real, en la que él estaba seriamente implicado.

Al terminar su relato, sintió una amalgama extraña dentro de su ser, conformada por varias sensaciones: una calma apacible, como la del que consigue quitarse de encima una pesada carga; un desconcierto total, como el que sentiría ese monje medieval que se fue a dormir la siesta y cuando se despertó habían transcurrido cuatrocientos años, y, además, mucho miedo, pánico, pavor…

Madre e hija seguían abrazadas. Padre e hijo parecían dos estatuas de piedra, frente a frente, mirándose. Daba la sensación de que todo había quedado paralizado, como si se tratase de un videojuego que de repente se ha quedado colgado, con los personajes inmóviles, acartonados.

Pero no se trataba de un videojuego, y el timbre del teléfono móvil de Adrián lo confirmó. Comenzó a sonar en el bolsillo de su pantalón. Podía sentir en su muslo la vibración. Deslizó su mano en el bolsillo y lo sacó. Volvió a mirar fijamente a su padre, y su mirada era de absoluta sumisión; de alguna

3 **un quiebro** *fig* acción de doblar el cuerpo por la cintura para evitar algo (*p ej* un futbolista o torero) – 10 **aplastante** terminante, contundente, definitivo – 14 **una amalgama** mezcla de cosas distintas – 15 **conformar** dar forma a algo, configurar – 16 **apacible** tranquilo, relajado, sereno – 18 **un monje** religioso que vive en comunidad en monasterios – 20 **el pavor** miedo, temor, terror – 30 **la sumisión** aceptar todo sin rebelarse, obediencia

manera ya le había cedido a él la iniciativa, el mando, la toma de decisiones. Estaba en sus manos y haría lo que él dijese.

–Es Nuria –anunció.

En ese instante, Julio reaccionó. Pronunció una maldición entre dientes que ninguno pudo descifrar y negó ostensiblemente con la cabeza. Luego, apuntó a su hijo con el dedo y, más que decirle, le ordenó:

–Responde la llamada y compórtate como siempre, ¿me entiendes? ¡Que ella no note nada en tu voz!

Adrián afirmó con la cabeza, dando a entender a su padre que había captado su consejo y que lo seguiría. Aceptó la llamada.

–Hola, Nuria.

Obtuvo un llanto desgarrado por respuesta, que casi hacía inaudible la voz de la novia.

–Ha muerto, ha muerto...

No fue necesario que Adrián dijese nada, para que su padre se diese cuenta de lo que acababa de suceder. Volvió a negar con la cabeza y a mascullar otro exabrupto. Los acontecimientos se estaban precipitando y eso no le permitía pensar con calma para encontrar una solución, si es que existía. Le hizo gestos a su hijo para que le dijese a Nuria que iría inmediatamente al hospital.

–Voy para allá –obedeció Adrián.

Nuria ni siquiera pudo responderle. Toda ella era un mar de lágrimas, un mar salado y amargo.

Cuando colgó, Julio ya había tomado decididamente las riendas:

–Vete al hospital ahora mismo –le dijo a su hijo–. Y pórtate como un novio ejemplar. Dale ánimos y consuelo. ¡Y ni una

3 **anunciar** comunicar, hacer saber – 5 **descifrar** comprender algo oscuro y de difícil comprensión – 6 **ostensible** claro, evidente – 10 **dar a entender uc a up** *loc* decir o manifestar oculta o indirectamente, mediante acciones o gestos; insinuar, sugerir – 14 **desgarrado** muy doloroso, triste, terrible – 15 **inaudible** que no se puede oír – 19 **mascullar** *coloq* hablar entre dientes o pronunciar mal las palabras – 19 **exabrupto** expresar algo con intensidad, inesperadamente y sin guardar las formas de educación – 29 **portarse** actuar, comportarse de una forma determinada

palabra de lo que has contado aquí! ¡Eso no tiene que salir de la familia! ¿Entendido? Mientras, pensaremos algo.

Adrián afirmó con la cabeza y se marchó. Antes de salir, observó a su madre y a su hermana. Las dos le miraban con los ojos enrojecidos. Le escocieron aquellas miradas silenciosas y, a toda prisa, bajó a la calle en busca de su moto.

5 **escocer** *fig* producir una sensación desagradable, de dolor y molestia

Jueves, 10:00 horas

El pasillo en el que se encontraban las salas mortuorias estaba abierto por un lateral. Desde allí se veía con claridad la carretera de Toledo, atestada de coches en ambos sentidos; coches que seguramente pasaban todos los días a la misma hora por allí en dirección a un lugar de sobra conocido. Para esos vehículos, la imagen del tanatorio era solo una parte del paisaje cotidiano, un edificio grande y rectangular, de ladrillo rojo, con galerías en cada planta; un edificio entre otros muchos, casi todos industriales, ubicado en un cruce de caminos. Para unos, la intersección entre la autovía 42 y la avenida de los Poblados; para otros, la encrucijada entre la vida y la muerte.

Adrián había leído el nombre de la difunta en un monitor que colgaba del techo del vestíbulo principal. A continuación, se había dirigido directamente hacia la sala donde la habían colocado. Pasó frente a un local de venta de flores, lleno de ramos y coronas fúnebres con cintas moradas. Las escaleras, la estructura, los espacios..., todo recordaba a un gran centro comercial; incluso unos carteles informaban de la situación de la cafetería, el aparcamiento y otras dependencias. Solo faltaba una voz en off que también informase de la ubicación de los cadáveres.

Apenas había dormido aquella noche, pues estuvo acompañando a Nuria en el hospital hasta que un coche fúnebre se llevó el cadáver. Y cuando la dejó con su padre

2 **mortuorio** relativo a los muertos – 4 **atestar** llernar de uc, incluso en exceso – 7 **un tanatorio** lugar al que se llevan los cadáveres para que familia y amigos puedan despedirse de ellos antes de enterrarlos – 9 **una galería** pasillo con ventanas exteriores que conducen a diferentes habitaciones – 10 **ubicar** estar situado en un determinado lugar, situar – 11 **una intersección** punto donde se cruzan dos líneas; *aquí:* cruce de carreteras – 12 **una encrucijada** situación difícil en la que no se sabe qué hacer; lugar donde se cruzan dos o más caminos – 14 **un difunto** muerto, up sin vida – 18 **un ramo** grupo de ramas, flores o hierbas – 18 **una corona** flores y hojas puestas en forma de círculo – 18 **fúnebre** relativo a los difuntos – 18 **una cinta** tejido, banda que sirve para sujetar uc – 18 **morado** lila, violeta

y otros familiares, no regresó directamente a su casa, sino que se desvió por el río. Siempre el río. Apoyó la moto contra la barandilla y estuvo paseando un rato. Pensó en Borja y Claudio. Estaba seguro de que ellos no se habían derrumbado, como él, de que seguirían callados cumpliendo el pacto de silencio que habían sellado. Sabía que lo estaban haciendo por él, porque él lo había decidido y planeado, porque era el líder, y sus dos amigos lo asumían sin rechistar. Sin embargo, el líder era el primero que había caído y ahora se encontraba a merced de su propio padre, que aunque no sabía aún cómo afrontar la situación, sí parecía ser capaz de vislumbrar un camino. Trataba de disculparse a sí mismo para aplacar sus remordimientos, justificándose con el hecho de que la víctima del accidente fuese la madre de Nuria. Eso había sido verdadera mala suerte, una de esas cosas que parece imposible que sucedan en la vida, pero que suceden todos los días. Y este hecho pesaba como una losa sobre él. Y ahora tenía que sufrir una presión que sus amigos ni siquiera podían imaginar.

Regresó de madrugada a su casa con la idea de reencontrarse con Nuria por la mañana, ya en el tanatorio. Su padre estaba despierto, en el salón. Adrián jamás había visto en el rostro de su padre un gesto semejante, que denotaba una mezcla de sentimientos difíciles de conjugar: tristeza, duda, miedo, inseguridad. Apenas cruzaron algunas palabras. Adrián le explicó que el cadáver permanecería en el tanatorio hasta la hora del entierro, por la tarde.

–No te separes de tu novia –le dijo el padre.

–No lo haré.

–Preocúpate por ella, atiéndela, ofrécete para ayudarla en cualquier cosa.

–Sí.

–Mientras, tengo que encontrar una solución.

2 **desviarse** apartarse, alejarse up del camino que seguía – 6 **sellar** poner fin a uc – 10 **una merced** voluntad, decisión – 12 **aplacar** suavizar, tranquilizar, calmar – 22 **denotar** manifestar, indicar – 23 **conjugar** unir, combinar

Cuando a las diez en punto llegó a la sala del tanatorio, a pesar de que prácticamente había pasado la noche en blanco, se sintió fresco y con fuerzas para aguantar cualquier cosa.

Se encontró a un pequeño grupo de gente arremolinada junto a la puerta. Nuria y su padre eran el centro de atención. Se acercó. Antes de que pudiese llegar hasta Nuria, Víctor le salió al paso y le dio un abrazo. Era la primera vez que el padre de su novia le abrazaba. Sintió cómo le palmeaba la espalda. No le dijo nada. Solo un abrazo.

Luego, se acercó a ella. La luz del día descubrió todas las huellas del dolor en su rostro. El sufrimiento la hacía mayor. Por primera vez, Nuria le pareció una mujer. Pero el sufrimiento no le robaba ni un ápice de su belleza.

–¿Cómo estás?

–Mal.

–¿Has dormido algo?

–No quiero dormir, quiero estar despierta todo el tiempo. Además, no podría hacerlo.

–Pero tienes que descansar.

–Tengo toda la vida para descansar, pero solo unas horas para estar junto al cuerpo de mi madre.

Adrián sintió un escalofrío, que le recorrió de pies a cabeza, y no supo responder. A su espalda escuchó al padre de Víctor, que explicaba a las otras personas que aquel apuesto jovencito era el novio de Nuria, un chico estupendo que la había ayudado mucho.

–A partir de ahora será cuando Nuria necesite más ayuda –comentó alguien.

Adrián también lo sabía. Nuria iba a necesitar ayuda, mucha ayuda, y él estaba dispuesto a dársela. No quería separarse de su lado.

2 **pasar la noche en blanco** *expresión* pasar la noche sin dormir – 4 **arremolinarse** amontonarse, juntarse desordenadamente – 24 **apuesto** con buena presencia, atractivo, guapo

Fueron llegando más familiares y amigos. Adrián conocía de vista a algunas de aquellas personas, pues habían coincidido en el hospital. Todos estaban muy afectados. Se abrazaban. Se besaban. Lloraban juntos en silencio. Era muy triste perder a un ser querido de una manera tan injusta.

Los que pasaban al interior de la sala para verla por última vez salían impresionados.

–Parece que está dormida –repetían.

Nuria también entró varias veces a ver a su madre. Adrián no quiso hacerlo y se quedaba fuera, esperando con impaciencia a que saliera..

Sobre las once, llegaron Julio y Elvira. Ellos solo habían visto a Nuria en un par de ocasiones, pero también sintieron la obligación de estar allí, de expresar su condolencia. Además, era urgente vigilar a Adrián, asegurarse de que se mantendría firme y sereno, y transmitirle la decisión que habían tomado. Eso era lo más importante.

Adrián se encargó de hacer las presentaciones. Repitieron las palabras de rigor estrechándose las manos. No hay nada tan monótono y vacío como las condolencias, aunque sean sinceras. Julio y Elvira besaron a Nuria y le dieron ánimos.

Durante un rato, los padres de Adrián se mantuvieron dentro de un grupo, hablando con personas que hasta unos momentos antes eran desconocidas. Pero, aprovechando uno de esos instantes en que Nuria entraba a la sala para estar más cerca de su madre, Julio se acercó a su hijo, lo agarró por un brazo y se lo llevó hasta el otro extremo de la galería, el que estaba abierto a la calle.

–Escucha con atención –le dijo sin rodeos–. Todo lo que vamos a hacer solo tiene un fin: que nadie arruine tu vida y, de paso, a nuestra familia. Eso lo tienes que tener muy claro,

2 **coincidir** encontrarse casualmente unas personas en el mismo lugar – 14 **una condolencia** manifestar a up el sentimiento que se tiene de pena o dolor, especialmente por la muerte de alguien

ahora y siempre. No quiero ni imaginar lo que sería de nuestra familia si se descubre que tú estás implicado en esa mierda.

A Adrián le sorprendió que su padre, siempre tan correcto, utilizase la palabra *mierda*. Él podía haber utilizado otra más precisa, más exacta y, al mismo tiempo, menos grosera. Estaba claro que, como le había ocurrido antes a él, ya se encontraba dentro de la vorágine, y lo más fácil era perder las formas.

–No vamos a consentir que tengas que cambiar el instituto por un correccional, y el expediente académico por una ficha policial. No voy a dejarte caer en un pozo, del que nunca saldrás limpio, ni voy a permitir que mi familia pasé por semejante vergüenza. Ahora escúchame con mucha atención. ¿Me estás oyendo?

–Sí.

–Pues cambia esa cara, que parece que estás en Babia.

–Te escucho atentamente.

–La noche del sábado al domingo, tu madre y yo regresamos a casa alrededor de las doce, después de guardar la autocaravana. Tu hermana y tú habíais salido con nuestra autorización y con el compromiso de estar juntos; pero tú dejaste a Reyes con unas amigas y te fuiste con Borja y Claudio. Ellos no paraban de beber. De hecho, ya estaban como una cuba. Por eso, al cabo de un rato, te fuiste a buscar a Reyes. Tú única culpa será haber dejado un rato sola a tu hermana. A las tres de la madrugada, los dos juntos regresasteis a casa. ¡A las tres de la madrugada! Es decir, antes de que ocurriese el accidente. Y en casa ya os estábamos esperando tu madre y yo. ¿Lo has entendido?

–Sí –Adrián afirmó con la cabeza, repasando mentalmente todo lo que su padre acababa de soltarle de un tirón.

5 **grosero** vulgar, ordinario, maleducado – 7 **una vorágine** confusión de sucesos; desorden y pasión en los sentimientos – 9 **un correccional** reformatorio, lugar de reclusión para quienes han cometido un delito, normalmente menores de edad – 10 **un pozo** espacio profundo de donde se saca agua debajo de la tierra; *aquí:* situación sin salida, angustiosa, oscura – 15 **estar up en Babia** *loc coloq* estar distraído y como ajeno a aquello de que se trata – 20 **una autorización** permiso – 23 **estar como una cuba** *loc coloq* estar muy borracho – 30 **de un tirón** *loc* de una vez, de golpe

–¡A las tres de la madrugada! –remachó Julio, por si ese dato no había quedado claro.

–Sí, pero...

–A la hora del accidente toda la familia estaba en casa; por consiguiente, es imposible que participases en esa gamberrada. Además, tú no tiraste ninguna piedra, ¿no es así?

–Yo lo grabé con el móvil, las piedras las tiraron ellos.

–Exacto. Ellos son los culpables. Tú los dejaste antes de las tres de la madrugada, cerca del Puente de los Franceses, porque tenías que recoger a tu hermana. Ellos estaban completamente borrachos.

A Adrián le sorprendió que su padre hubiese llegado a esa solución: acusar a sus amigos para salvarle. Y le sorprendió, sobre todo, porque él también había barajado esa posibilidad. Era una traición mezquina, que Adrián solo justificaba por Nuria. Por ella estaba dispuesto a todo. Perder a Nuria le parecía sencillamente insoportable. Nuria llenaba sus pensamientos. A su padre, sin embargo, le movían otros intereses; pero lo más importante era que se había puesto de su parte y quería protegerlo. Había tomado las riendas y era mucho más fuerte.

–Pero mis amigos me inculparán a mí –Adrián planteó su inquietud.

–No vuelvas a llamarles mis amigos, ¿entendido? No me importa si han sido o son tus amigos, pero no vuelvas a hacerlo, y menos delante de otras personas.

–Sí.

Adrián ni siquiera podía haber imaginado una situación mejor tan solo doce horas antes.

–Ellos, los culpables, no tendrán pruebas –le explicó su padre–. ¿Estuvisteis con alguien más esa noche?

–No.

–¡Perfecto! Cuando ellos quieran acusarte, utilizaremos la coartada que hemos preparado. Nuestra historia será más verosímil que la suya.

15 **mezquino** falto de nobleza, moralmente despreciable

Adrián volvió ligeramente la cabeza y miró hacia el grupo que permanecía junto a la puerta de la sala mortuoria, donde estaba su madre, que no le quitaba la vista de encima. Sus miradas se encontraron, intercambiando preocupación y miedo.

–Nuestra familia va a estar más unida que nunca, como una piña –Julio quería grabar sus palabras en la cabeza de su hijo–. ¿Lo entiendes? ¡Como una piña! ¿Lo entiendes?

–Sí.

–¡Como una piña para salvarte!

–Sí.

–No lo olvides nunca.

–No.

–Esta tarde, después del entierro, irás a declarar a la comisaría. Yo te acompañaré y repasaremos con detalle todo lo que tienes que decir. Acusarás a los que tiraron esa piedra, que ya no son tus amigos. Ellos son los verdaderos culpables, los únicos culpables. Métete esta idea en la cabeza, repítela un millón de veces si es necesario: ellos son los únicos culpables. ¡Repítelo!

–Ellos son lo únicos culpables.

–¡Repítelo!

–Ellos son los únicos culpables.

Julio se apartó de su hijo y volvió al grupo. No quería que le viesen hablando mucho tiempo a solas con él. Adrián lo siguió. Volvió a mirar a su madre. Le extrañó un poco su silencio, sobre todo porque a ella siempre le gustaba dar su opinión. Comprendió que esa idea de formar una piña, tal como le había explicado su padre, ya estaba en marcha. Además, todo era culpa suya; por consiguiente, tenía que poner los cinco sentidos para que la piña se mantuviera sin fisuras.

Al cabo de un rato, Nuria volvió a salir a la galería. Los padres de Adrián aprovecharon el momento para despedirse y marcharse. Dijeron que regresarían por la tarde, al entierro. Volvieron a besar a Nuria y a estrechar la mano de Víctor. Antes

31 **sin fisuras** *loc* compacto, consistente; **una fisura** corte, fractura

de echar a andar, también besaron a su hijo. Primero, la madre, que se mantuvo en silencio, un silencio que a Adrián le pareció lleno de resignación y de rabia contenida; luego el padre, que aprovechó para hacerle una última advertencia:

–Pórtate como lo que eres: un buen chico.

Y Adrián se dispuso a obedecer a su padre. Sería solícito y atento, sobre todo con Nuria. No se apartaría de ella en ningún momento. Por eso, a los pocos minutos consiguió llevársela a tomar algo, para que saliese un rato de ese ambiente tan agobiante. Ella aceptó con el compromiso de que volverían en unos minutos.

Sentados a una mesa de la cafetería, frente a dos vasos de zumo de naranja, Adrián se atrevió a hablar del tema que tanto le había inquietado los días anteriores.

–He averiguado más cosas –se limitó a decir.

Nuria entendió a la perfección sus palabras. Su rostro se crispó y su mirada se volvió más incisiva, como un bisturí.

–¿Quiénes han sido?

Al instante, Adrián comprendió que se había precipitado, que había vuelto a ser impaciente, que habría sido mejor esperar a que sucediesen los acontecimientos, tal como lo había planeado su padre. De esta forma solo había conseguido inquietar a su novia. Una vez más le había perdido el ansia de convertirse en un héroe para su chica, su chica abatida, rota y llena de dolor. El héroe intachable cuya misión es insuflarle ánimos y descubrir a los causantes de su mal. Y lanzar a esos perversos sus rayos paralizadores, sus redes indestructibles, sus puños de hierro que salían despedidos de su cuerpo... Y una vez superadas las dificultades, postrarse ante ella mirándose a lo ojos, como si el resto del mundo y de la vida se redujese a

4 **una advertencia** uc que se le dice a up para que regule su comportamiento, aviso – 7 **atento** correcto, educado – 17 **crispar** causar contracción repentina y temporal en los músculos – 17 **incisivo** que corta, punzante, irónico – 17 **un bisturí** escalpelo, cuchillo que se utiliza en cirugía – 23 **perderse** entregarse a un vicio o pasión – 23 **el ansia** deseo intenso, muchas ganas – 25 **intachable** sin mácula, respetable, recto – 25 **insuflar** *fig* introducir aire o gas – 28 **un puño** (mano) cuando se aprietan los dedos con fuerza formando una unidad – 29 **postrarse** ponerse sumiso a los pies de otro en señal de respeto para pedir algo

esa mirada. Pero no, no se trataba de uno de sus videojuegos, por eso tenía que actuar de otro modo.

-¿Quiénes han sido? -repitió ella.

-Te voy a pedir un favor -trató de dar marcha atrás y reconducir las cosas-: espera hasta esta tarde. Después del entierro te lo contaré todo. Pero, por favor, espera hasta entonces.

-Cada vez que pienso en los asesinos solo veo sombras, sombras. Necesito descubrir sus rostros.

-Los descubrirás.

-Las sombras son como una máscara que los oculta.

-Te lo prometo; esta tarde podrás quitar la máscara a los culpables.

-A los asesinos -remachó ella.

-Pero ahora debes pensar en otra cosa. Tú misma lo has dicho hace un rato: estar al lado del cuerpo de tu madre.

Adrián consiguió una especie de tregua y respiró algo más tranquilo. A Nuria no le resultó difícil concedérsela y esperar unas horas más. Lo inmediato, lo primordial, lo que su cuerpo y su alma le pedían, era permanecer junto a los restos de su madre, acompañarla, enterrarla, despedirse de ella para siempre. Nada era tan importante ni tan urgente. Después, habría tiempo para lo demás.

Volvieron a la sala mortuoria. Había llegado más gente, que permanecía junto a la puerta, formando corrillos. Cuando estaban a punto de llegar, Adrián fue a mirar la hora en su reloj de pulsera, pero se dio cuenta de que no se lo había puesto.

Preguntó a Nuria:

-¿Qué hora es?

Ella miró el suyo.

-Las doce, las doce en punto -le respondió.

En ese preciso instante, comenzó a sonar el móvil de Nuria.

11 **una máscara** figura que representa algo y que oculta el rostro de up disfrazándolo – 18 **conceder** dar; aceptar – 27 **un reloj de pulsera** el que se lleva en la muñeca (Armbanduhr)

Jueves, 12:00 horas

Primero se había marchado su hermano, y, luego, sus padres. Los tres iban al mismo sitio: el tanatorio donde se encontraban los restos de la madre de Nuria.

Nadie le había planteado acompañarlos, quizá la consideraban demasiado pequeña para pasar por un trago semejante, sin ni siquiera haber conocido en persona a la fallecida. La verdad es que Reyes también prefería quedarse en casa, sin pasar por ese duro trance. Y el duro trance no era dar el pésame a Nuria, o a su padre, o a otros familiares; sino fingir, ocultar la verdad, aparentar y, sobre todo, no decir nada. Eso no iba con su carácter, con su forma de ser, con sus ideas, con su manera de entender la vida.

Lo había expresado claramente, pero su padre le había replicado con contundencia:

–¡Pues ahora vas a hacer lo que se ha decidido en esta casa, te guste o no, y sin rechistar! ¡Vamos a formar una piña!

–Eso no es lo que me habéis enseñado desde que era pequeña –se atrevió a reprocharle.

–¡No voy a razonar contigo! –las palabras de su padre sonaban como amenazas–. ¡Harás lo que te diga! ¡Y se acabó!

Julio no había querido embrollarse en una discusión con su hija, sobre todo porque sabía que tenía muchas posibilidades de quedarse sin argumentos, derrotado por esa apisonadora en la que casi siempre se convertía Reyes.

Tumbada sobre su cama, en pijama, recordaba todo lo que se había hablado horas antes en aquella casa, a veces en voz baja, como si temiesen que alguien pudiese escucharles; otras, a gritos, perdiendo los nervios. Al final se había tomado una decisión, y ella parecía la única sorprendida, doblemente sorprendida.

6 **un trago** *coloq* situación difícil, desafortunada – 8 **fallecer** morir – 10 **un pésame** condolencia, manifestar a up el sentimiento de pena o dolor que se tiene por la muerte de alguien – 22 **embrollar** confundir, complicar – 24 **una apisonadora** *coloq* up con gran energía y resistencia que gana a aquél con quien se enfrenta

Seguía sin poder controlar las lágrimas, que se manifestaban a su antojo, cuando menos lo esperaba. Le dolía, sobre todo, no haber podido expresar su opinión. No habían contado con ella, aunque la opción elegida la afectase de lleno. Se trataba de salvar a Adrián a toda costa, de evitar que fuera detenido, procesado y encerrado. Según su padre, se trataba también de salvar a la familia. Y eso no acababa de entenderlo. ¿Por qué encubrir a un culpable era salvar a la familia? No veía qué importancia podía tener que el culpable perteneciese a la familia o no. Lo esencial para ella era que la familia actuase siempre con rectitud, con honestidad, con coherencia, dando ejemplo. Solo de este modo sus miembros sabrían a qué atenerse.

Su padre, un abogado que muchas veces se había dejado la piel defendiendo la inocencia de sus procesados, le había inculcado desde que tuvo uso de razón el sentido de la justicia, del bien y del mal. Y eso a ella le había ayudado siempre. Cuando era más pequeña, veía la realidad de una forma maniquea, solo con buenos y malos; pero ya no era una niña, aunque algunos se empeñasen en considerarla así, y sabía que nada es absolutamente bueno ni absolutamente malo, que todo es cuestionable. Podía entenderlo. Podía entender muchas cosas. Podía entender, por ejemplo, que su hermano estuviese completamente borracho, lo mismo que sus amigos, cuando se les ocurrió aquel disparate. Pero, una vez que había ocurrido, ¿por qué no asumir la realidad con todas las consecuencias? Y sobre todo, ¿por qué no hacer lo que era justo?

6 **procesar** declarar a up como posible responsable de delito y someterla a proceso penal – 8 **encubrir** hacerse responsable de ocultar de un delito – 11 **la rectitud** integridad moral, ser justo – 11 **la honestidad** cualidad de honesto, decente, honorable, justo, recto – 13 **atenerse** ajustarse, sujetarse en sus acciones a algo – 15 **dejarse up la piel** *loc coloq* esforzarse al máximo en algo – 16 **inculcar** transmitir a up una idea, un concepto con mucha firmeza, de forma que marca – 19 **maniqueo** con tendencia a interpretar la realidad con actitud extrema, sin puntos intermedios – 25 **un disparate** hecho o dicho absurdo, erróneo, ilógico

Sus pensamientos no cuestionaban el cariño que sentía por su hermano. Era verdad que, como a veces les decían sus padres, se pasaban la vida discutiendo; pero ella adoraba a su hermano y estaba segura de que su hermano la adoraba a ella. Discutir, insultarse incluso, era una minucia insignificante, una forma de manifestar que no podían vivir el uno sin el otro. Y ese cariño también la impulsaba. Prefería que su hermano purgase su culpa a que se pasase el resto de su vida arrastrándola, cada vez más enfangado en medio de una charca de mentiras.

Miraba el reloj constantemente y trataba de imaginarse lo que estaría ocurriendo en el tanatorio. Primero habría llegado Adrián, poco después sus padres. Sus padres solo pensaban estar un rato, lo justo para dar el pésame a Nuria y a su familia. Adrián se quedaría todo el tiempo con su novia. Era su deseo, por supuesto, pero también era la consigna. ¿Podrían vivir el resto de su vida con consignas?

Sus padres le habían dicho que volverían a casa a comer, pues ninguno tenía intención de ir al trabajo. Ya habían telefoneado para justificar su ausencia. Se imaginaba una comida silenciosa, muy tensa, en la que incluso evitarían mirarse a la cara, quizá para que la cara no se les cayese de vergüenza.

En ese momento, recordó una imagen que su padre le había mostrado muchas veces a lo largo de su vida. Representaba a una mujer vestida con una túnica, con los ojos vendados, sosteniendo una balanza. Esa mujer era la que debía impartir justicia, colocando en los platillos de la balanza las causas a juzgar. Y tenía que hacerlo con los ojos vendados, para evitar

3 **adorar** amar extremadamente, querer mucho – 5 **una minucia** detalle sin importancia, pequeñez – 7 **purgar** satisfacer o limpiar con una pena o castigo lo que uno merece por su culpa o delito – 9 **enfangarse** *coloq* mezclarse en asuntos sucios y vergonzosos – 19 **la ausencia** ≠ presencia – 22 **caérsele a up la cara de vergüenza** *expresión* sentir una vergüenza insoportable por algo hecho o dicho – 25 **una túnica** vestido exterior amplio y largo – 25 **vendar** cubrir con una banda, tira o venda – 26 **sostener** mantener firme, sujetar – 26 **una balanza** instrumento para pesar o medir – 26 **impartir** dar, repartir

titubeos o favoritismos. Reyes se imaginó que ella misma era esa persona y que en sus manos estaba la posibilidad de hacer justicia.

Mentalmente, colocó el plan de su padre sobre uno de los platillos de la balanza, es decir, el plan de la familia, el que debería proteger a Adrián, aun sabiendo que era culpable. En el otro platillo colocó a Nuria, la novia, que estaría completamente destrozada por la muerte de su madre. Alzó el brazo y observó, como suponía, que la balanza se vencía hacia uno de los lados.

Su inquietud y su miedo aumentaron al darse cuenta de que solo ella podía equilibrar esa balanza.

No cesaba de hacerse preguntas. Unas se confundían con otras, pues todas acudían a su mente en tropel. Comenzó a escribirlas, quizá para tratar de aclararse un poco.

¿Por qué habían tenido que implicarla a ella en aquel plan?

¿Por qué no idearon otra cosa que la dejase al margen?

¿Por qué tenía que ser ella?

¿Por qué los demás no querían afrontar la realidad?

¿Por qué la lógica había desaparecido de su vida?

Garabateó con el bolígrafo sobre lo que acababa de escribir, tachándolo. A continuación, escribió una nueva pregunta, quizá la que más le desasosegaba:

¿Cómo podremos vivir de ahora en adelante?

Continuó pensando qué podría hacer ella para frenar esa injusticia y hacer entrar en razón a su familia. Quizá, bastara con una simple llamada telefónica. Pero ¿a quién? ¿Directamente a la policía? ¿A la Chelo, la directora del instituto? Cualquiera de esas llamadas surtiría efecto de inmediato, pero se sentía incapaz de hacerlas.

1 **un favoritismo** estar a favor de up por simpatía, gusto o preferencia personal y no por mérito o justicia – 9 **vencerse** caer hacia un lado, inclinarse – 12 **equilibrar** poner en equilibrio, conseguir estabilidad en una determinada posición – 17 **idear** pensar, tener ideas, imaginar – 21 **garabatear** escribir o dibujar de forma poco clara – 22 **tachar** hacer líneas sobre una cosa escrita para indicar que no vale – 23 **desasosegar** dejar sin tranquilidad y calma – 24 **en adelante** en el futuro – 26 **entrar up en razón** *loc* comprender y aceptar lo que es razonable – 29 **surtir** producir, dar

Solo encontró una salida: telefonear a Nuria y contarle toda la verdad.

Reyes no tenía el teléfono de Nuria. El número lo tenía grabado Adrián en su móvil, y conseguir el móvil de su hermano, aunque fuera un instante, se le antojaba tarea imposible. Pero, de pronto, había recordado algo. Se levantó de la cama y se dirigió al cuarto de su hermano y comenzó a rebuscar por los cajones de su mesa de escritorio. Sabía que recientemente había cambiado de móvil y estaba segura de que el viejo estaría guardado por allí. Lo encontró rodeado de cables y de piezas que no sabía qué utilidad podían tener. Era evidente que el teléfono no tenía la tarjeta de memoria, que Adrián habría pasado al nuevo; pero usaría la suya. Ambos teléfonos eran de la misma marca y de la misma compañía.

Sacó la tarjeta de memoria de su propio teléfono y la puso en el viejo de Adrián. Luego, buscó un cargador y lo enchufó a la red, pues estaba descargado. Aguardó unos instantes antes de encenderlo. Sonrió al ver que funcionaba. Ya solo le quedaba buscar en la memoria del propio aparato. Como esperaba, allí había grabados algunos números. Fue pasándolos uno a uno y todo su cuerpo se estremeció cuando, de repente, en la pantalla apareció un nombre: *Nuria*. Allí estaba. Miró el número y lo repitió en voz alta varias veces. Luego, siguió repitiéndolo en voz baja, para memorizarlo.

En el fondo de su ser, en lo más íntimo y sincero, lamentó haber encontrado aquel nombre y aquel número de teléfono. Hubiese preferido mil veces que la memoria del viejo teléfono de Adrián se encontrase en blanco, vacía, estropeada...

Dejó el teléfono de su hermano tal como lo había encontrado y regresó a su cuarto. En su mente ya se habían grabado los nueve números del teléfono de Nuria. Pensaba que no los olvidaría durante el resto de su vida.

5 **antojarse** parecer uc probable, suponer, parecer – 8 **rebuscar** buscar uc mucho y con atención – 8 **un cajón** lugar cerrado donde se guardan cosas en un armario o escritorio (Schublade) – 9 **reciente** de hace poco, cercano en el tiempo – 16 **un cargador** aparato para guardar y producir electricidad – 24 **memorizar** aprender de memoria, guardar en la memoria

Dos fuerzas muy poderosas luchaban en su interior. Tal vez en su cerebro, o en su corazón, o posiblemente en todos los recovecos de su cuerpo. Era una batalla incruenta, pero al mismo tiempo cargada de violencia. Reyes se preguntaba una y otra vez qué hacer, por qué fuerza tomar partido. Estaba convencida de que, hiciese lo que hiciese, los remordimientos la iban a perseguir siempre, nunca podría vivir en paz.

Formuló una pregunta en voz alta:

–¿De qué lamentaré más tener que arrepentirme: de hacer esa llamada, o de no hacerla?

Ese era el gran dilema.

Cogió su teléfono móvil y marcó el número de Nuria. Se quedó mirándolo en la pantalla. Para establecer la llamada solo tenía que apretar la tecla verde. Solo eso.

Sencillo, muy sencillo, demasiado sencillo.

Apretar la tecla verde y esperar unos segundos.

Se imaginó lo que escucharía después de pulsar esa tecla. Quizá una canción de moda como sintonía, luego la voz de Nuria: *Diga*. Lógicamente su respuesta sería escueta y convencional, pues no conocería el número de la llamada entrante. Entonces Reyes tendría que identificarse: *Hola, Nuria, soy Reyes, la hermana de Adrián.* Sin duda, Nuria pensaría que la estaba llamando para darle el pésame; pero ella tendría que aclararlo de inmediato: *Tengo que decirte una cosa muy importante*. No podría esperar ni dar rodeos. Tendría que ir al grano, soltarlo de un tirón, sin titubear.

Trató de seguir imaginándose aquella conversación, pero no pudo, pues las lágrimas volvieron a apoderarse de ella y empañaron su propia imaginación.

–¿Por qué yo? –se lamentó en voz alta–. ¿Por qué me han obligado? Si no cuentan conmigo para otras cosas, ¿por qué lo hacen ahora?

3 **un recoveco** *fig* rincón, esquina escondidos – 3 **incruento** que no es sangriento, cruel, ni despiadado – 20 **convencional** cómodo, normal, acostumbrado – 26 **ir up al grano** *loc coloq* ir directamente al problema, a lo principal – 29 **empañar** *fig* cubrir un cristal con vapor o gas de agua; cubrir los ojos de lágrimas

Reyes estaba convencida de que toda su familia, salvo ella, había perdido la cordura, y se lamentaba amargamente por ello. ¿Por qué no la había perdido ella también? De ese modo todo resultaría más fácil. ¡Una familia de locos al completo! ¡Y se acabó!

Se suponía que no había ido al tanatorio para no pasar un mal trago; sin embargo, se dio cuenta de que en su casa, en su propia habitación, estaba pasando el peor trago de su vida.

–¿Por qué yo, por qué yo, por qué yo…?

Solo la cordura y la justicia podrían salvar a su familia. De eso estaba completamente segura, en contra de la opinión de su padre, que había arrastrado a los demás. A pesar de su edad, ya acertaba a comprender que las personas de bien tenían remordimientos, y que vivir con remordimientos era algo muy malo, como una invasión de termitas que comienza a perforar todos los cimientos de un edificio. ¿Cómo iba a salvarse su familia con todos esos remordimientos?

Pensaba una cosa y, al instante, la contraria.

Vislumbraba un camino, pero enseguida descubría otro distinto.

Se convencía de un razonamiento lleno de lógica, pero el razonamiento contrario la llenaba de inquietud.

Eran dos mundos enfrentados cuerpo a cuerpo, una lucha a muerte, sin posibilidad de una tregua. ¿Cómo tomar una decisión así?

Sabía que, de un modo u otro, tenía que tomar una determinación. Ella se encontraba en medio del fragor de aquella batalla, a pesar de que no había iniciado la guerra. Eso la marcaba y le hacía perder cualquier intento de neutralidad. Había que tomar partido y luchar. Era la única salida.

Y tomar partido pasaba por algo tan sencillo como apretar o no apretar la tecla verde de su teléfono móvil.

1 **salvo** excepto, menos, fuera de – 15 **una termita** insecto que se come la madera – 15 **perforar** hacer *agujeros* (Löcher), atravesar – 16 **un cimiento** fundamento de un edificio, parte que está bajo tierra y sobre la que se mantiene

Solo eso.

Se dijo que una vez que tomase la decisión, en un sentido o en otro, se dejaría llevar por los acontecimientos y sería coherente hasta el final.

O al lado de su familia, o contra ella.

El dilema era así de implacable, y no admitía otros caminos.

Faltaba un minuto para las doce del mediodía. Cerró los ojos. Trató infructuosamente de dejar su mente en blanco. Era imposible, completamente imposible.

–Contaré hasta diez y tomaré una decisión –dijo de pronto, en voz alta.

Pensó que eso sería lo mejor. Actuar, en cierto modo, por un impulso. Contar hasta diez y, a continuación, apretar o no apretar la tecla verde. La decisión debería ser inmediata, sin preocuparse por saber a quién estaba obedeciendo al tomarla.

¿Obedecería a su padre y, por consiguiente, a su familia?

¿Obedecería a su corazón?

¿Obedecería a su cerebro, a punto de estallar?

¿Obedecería a su conciencia de trece años?

Cuando tomase la decisión ya no habría marcha atrás.

Comenzó a contar en voz alta:

–Uno, dos, tres, cuatro, cinco, seis, siete, ocho, nueve y... ¡diez!

En la parte superior derecha de la pantalla de su teléfono móvil, un reloj marcaba las doce en punto.

Madrid, agosto de 2010

8 **infructuoso** inútil, sin efecto para un fin

Alfredo Gómez Cerdá

El autor y su obra

Alfredo Gómez Cerdá nació en Madrid en 1951. Atraído por la lectura desde la adolescencia, estudió Filología Hispánica. Sus primeros pasos como escritor se dirigieron hacia el teatro, género en el que publicó y representó varias de sus obras en los años 70.

Pero fue en los 80 cuando descubrió la literatura infantil y juvenil, publicando *Las palabras mágicas,* por el que obtuvo en 1982 el segundo Premio El Barco de Vapor. Desde entonces se dejó arrastrar por esta literatura y este mundo publicando hasta ahora más de 70 títulos.

Además ha colaborado en prensa y en revistas especializadas y ha participado en numerosas actividades en torno a la literatura infantil y juvenil: charlas, libro-forum, programas radiofónicos, mesas redondas, conferencias…

Ha colaborado también en proyectos educativos llevados a cabo en Estados Unidos (Aprenda II, en San Antonio, Texas). Sus libros se han publicado en varios países de Europa, América y Asia.

Abreviaturas y símbolos

adj	Adjektiv, adjetivo
adv	adverbio
ant	antiguo
aquí:	señala un significado específico de la palabra en el contexto
aum	aumentativo
coloq	coloquial
cul	cultismo (bildungssprachlich)
despect	despectivo
dim	diminutivo
Esp	peninsularismo, término o expresión del español de la Península Ibérica
etc	etcétera
etw	etwas
f	femenino
fam	lenguaje familiar
fig	lenguaje figurativo
INF	infinitivo
interj	interjección
irón	irónico
jmd	jemand
juv	lenguaje juvenil
lit	literario
loc	locución, giro idiomático
m	masculino
p ej	por ejemplo
pl	plural
s	singular
SUST	sustantivo
sup	superlativo
uc	una cosa, algo
up	una persona, alguien
vulg	*expresión vulgar*
≠	contrario de
→	remite a una palabra ya conocida